鹿鸣心理　美国心理学会推荐
心理治疗丛书

# 生涯咨询
## Career Counseling

〔美〕马可·L.萨维科斯 著
Mark L. Savickas

郑世彦 马明伟 郭本禹/译

郭本禹　主编

重庆大学出版社

# 译丛序言

毋庸置疑，进入 21 世纪后，人类迅速地置身于一个急剧变化的社会之中，那种在海德格尔眼中"诗意栖居"的生活看似已经与我们的生活渐行渐远，只剩下一个令人憧憬的朦胧魅影。因此，现代人在所谓变得更加现实的假象中丧失了对现实的把握。他们一方面追求享受，主张及时享乐，并且能精明地计算利害得失；另一方面却在真正具有意义的事情上显示出惊人的无知与冷漠。这些重要的事情包括：生与死、理想与现实、幸福与疾苦、存在与价值、尊严与耻辱，等等。例如，2010 年 10 月，轰动全国的"药家鑫事件"再一次将当代社会中人类心理的冷酷与阴暗面赤裸裸地曝晒在大众的视线之中。与此同时，当今日益加快的生活节奏、沸沸扬扬的时尚热潮，不计其数的社会问题正在不断侵蚀着我们的生活乐趣，扰乱着我们的生活节奏。例如，日益激烈的职业与生存竞争导致了现代社会中人际关系的淡薄与疏远，失业、职业倦怠与枯竭、人际焦虑、沟通障碍等一连串的问题催化了"人"与"办公室"的矛盾；家庭关系也因受到社会变革的冲击而蒙上了巨大的阴霾，代沟、婚变、购房压力、赡养义务、子女入学等一系列困难严重地激化了"人"与"家庭"的矛盾。诸如此类的矛盾导致（促使）人们的心灵越来越难以寻觅到一个哪怕只是稍作休憩、调适的时间与空间。这最终引发了各种层出不穷的心理问题。在这种情况下，心理咨询与治疗已然成为了公众的普遍需要之一，其意义、形式与价值也得到了社会的一致认可。例如，在 2008 年面对自我国唐山地震以来最为严重自然灾难之一的四川汶川大地震时，心理治疗与干预就有效地减轻了受灾群众的创伤性体验，并在灾后心理重建方面发挥了不可替代的作用。

值得欣喜的是，我国的心理治疗与咨询事业也在这种大背景下绽放出了旺盛的生命力。2002 年，心理咨询师被纳入《国家职业大典》，从而正式成为一门新的职业。2003 年，国家开始组织心理咨询师职业资格考试。心理咨询师甚至被誉为"21 世纪的金领行业"[1]。目前，我国通过心理咨询师和心理治疗师资格证书考试的人数有 30 万左右。据调查，截至 2009 年 6 月，在苏州持有劳动部颁发的国家二级、三级心理咨询师资格证书者已达到 2 000 多人[2]；截至 2010 年 1 月，在大连拥有国家心理咨询师职业资格证书者有 3 000 多人，这一数字意味着在当地每 2 000 人中即拥有一名心理咨询师[3]。但就目前而言，我国心理治疗与咨询事业还存在着诸多问题。譬如，整个心理治疗与咨询行业管理混乱，人员鱼龙混杂，专业水平参差不齐，从而成为阻碍这一行业发展的瓶颈。"造成这一现象的原因尽管很多，但最根本的原因，乃是大陆心理

［1］徐卫东 . 心理咨询师，21 世纪的金领行业 ［J］. 中国大学生就业，2010（10）.
［2］沈渊 . 苏州国家心理咨询师人数超两千 ［N］. 姑苏晚报，2009-06-07.
［3］徐晓敬 . 大连每 2 000 人即拥有一名心理咨询师 ［N］. 辽宁日报，2010-03-24（7）.

咨询师行业未能专业化使然。"[1]因此，提高心理咨询师与治疗师的专业素养已经成为推动这一行业健康发展亟待解决的问题。

对于普通大众而言，了解心理治疗与咨询的基本知识可以有效地预防自身的心理疾病，改善和提高生活质量；而对于心理治疗与咨询行业的从业人员而言，则更有必要夯实与拓展相关领域的专业知识。这意味着专业的心理治疗与咨询行业工作者除了掌握部分心理治疗与咨询的实践技巧与方法之外，更需要熟悉相应治疗与咨询方案的理念渊源及其核心思想。心理学家吉仁泽（G.Gigerenzer）指出："没有理论的数据就像没有爹娘的孤儿，它们的预期寿命也因此而缩短。"[2]这一论断同样适用于形容心理治疗技术与其理论之间的关系。事实上，任何一种成功的心理治疗方案都有着独特的、丰厚的思想渊源与理论积淀，而相应的技术与方法不过是这些观念的自然延伸与操作实践而已。"问渠那得清如许，为有源头活水来"，只有奠基于治疗理论之上，治疗方法才不致沦为无源之水。

尽管心理治疗与咨询出现的历史不过百年左右，但在这之后，心理治疗理论与方法便如雨后春笋，相互较劲似的一个接一个地冒出了泥土。据统计，20世纪80年代的西方心理学有100多种心理治疗理论，到90年代这个数字就翻了一番，出现了200多种心理治疗理论，而如今心理治疗理论已接近500种。这些治疗理论或方法的发展顺应时代的潮流，但有些一出现便淹没在大潮中，而有些

[1]陈家麟，夏燕.专业化视野内的心理咨询师培训问题研究——对中国大陆心理咨询师培训八年来现状的反思［J］.心理科学，2009，32（4）.
[2]G.Gigerenzer. Surrogates for theories. *Theory & Psychology*，1998，8.

则始终走在潮流的最前沿，如精神分析学、行为主义、人本主义、认知主义、多元文化论、后现代主义等思潮。就拿精神分析学与行为主义来说，它们伴随心理学研究的深化与社会的发展而时刻出现日新月异的变化，衍生出更多的分支派别。例如，精神分析理论在弗洛伊德之后便出现了心理分析学、个体心理学、自我心理学、客体关系学派、自体心理学、社会文化学派、关系学派、存在分析学、解释精神分析、拉康学派、后现代精神分析、神经精神分析等；又如，行为主义思潮也飞迸出各式各样的浪花：系统脱敏疗法、满灌疗法、暴露疗法、厌恶疗法、代币制疗法、社会学习疗法、认知—行为疗法、生物反馈疗法等。一时间，各种心理治疗理论与方法如繁星般以"你方唱罢我登场"的方式在心理治疗与咨询的天空中竞相斗艳，让人眼花缭乱。

那么，我们应该持怎样的态度去面对如此琳琅满目的心理治疗理论与方法呢？对此，我们想以《爱丽丝漫游奇境记》中的一个故事来表明自己的立场：爱丽丝与一群小动物的身上被弄湿了，为了弄干身上的水，渡渡鸟（Dodo bird）提议进行一场比赛，他们围着一个圈跑，跑了大概半个小时停下来时，他们的身上都干了。可是，没有人注意各自跑了多远，跑了多久，身上是什么时候干的。最后，渡渡鸟说："每个人都获胜了，所有人都应该得到奖励。"心理学家罗森茨韦格（M. Rosenzweig）将之称为"渡渡鸟效应"，即心理治疗有可能是一些共同因素在发挥作用，而不是哪一种特定的技术在治愈来访者。这些共同的因素包括来访者的期望、治疗师的人格、咨访关系的亲密程度等。而且，已有实证研究证实，共同因素对治疗效果发挥的作用远远超过了技术因素。然而，尽管如此，我们认为，各种不同治疗取向的存在还是十分有必要的。对于疾病来说，可能很多"药物"（技术）都能起作用，但是对于人来说，每个人喜欢的"药"的味道却不一样。因此，每一对治疗师与来访者若能选择其喜爱的治疗方法，来共同度过一段时光，岂不美哉?！而且，事实上，经验表明，在治疗某种特定的心理疾病时，也确实存在某些方法使用起来会比另外一些方法更加有效。

因此，在这个越来越多元化发展的世界中，我们当然有理由保持各种心理疗法的存在并促进其发展。美国心理学会（APA）在这方面做了大量工作。APA 对学校开设的课程、受读者欢迎的著作、广泛参与的会议进行了深入的调研，确定了当今心理治疗领域最为重要、最受欢迎、最具时代精神的 24 种理论取向；并且选取了相关领域的领军人物来撰写这套"心理治疗丛书"，这些领军人物不但是相关理论的主要倡导者，也是相关领域的杰出实践者。他们在每本书中对每一种心理治疗理论取向的历史作了简要回顾，对其理论进行了概括性阐述，对其治疗过程进行了翔实的展示，对其理论和疗效作出了恰当的评价，对其未来发展提出了建设性的展望。

这套丛书可谓是"麻雀虽小，五脏俱全"。整套丛书可以用五个字来概括：短、新、全、权、用。"短"是短小精悍，本套丛书每册均在 200 页左右，却将每种取向描述得淋漓尽致。"新"是指这套丛书的英文版均是 2009 年及其以后出版的，书中的心理治疗取向都是时下最受欢迎与公认的治疗方法。"全"是指这套丛书几乎涵盖了当今心理治疗领域所有重要的取向，这在国内目前的心理治疗丛书中是不多见的（比较罕见的）。"权"是指权威性，每一本书都由相关心理治疗领域的领军人物撰写。"用"是指实用性，丛书内容简明、操作性强、案例鲜活，具有很强的实用性。因此，这套丛书对于当今心理咨询与治疗从业者、心理学专业学生以及关注自身心理健康的一般读者来说都是不错的专业和普及读本。

　　这套"丛书"共 24 本，先由安徽人民出版社购买其中 9 本书的翻译版权，后由重庆大学出版社购买了其中 10 本书的翻译版权。两社领导均对这套"丛书"给予高度重视，并提出具体的指导性意见。两个出版社的各位编辑、版贸部工作人员均付出了辛勤的劳动，各位译者均是活跃在心理学研究、教学和实践的一线工作者，具有扎实的理论功底与敏锐的专业眼光，他们的努力使得本套丛书最终能呈现在各位读者面前。我们在此一并表达诚挚而衷心的感谢！

郭本禹

2013 年 8 月 10 日

于南京郑和宝船遗址·海德卫城

# 丛书序言

有人可能会认为，在当代心理治疗的临床实践中，循证（evidence-based）干预以及有效的治疗结果已经掩盖了理论的重要性。也许，是这样吧。但是，作为本丛书的编者，我们并不打算在这里挑起争论。我们确实了解到，心理治疗师一般都会采用这种或那种理论，并根据该理论来进行实践，这是因为他们的经验以及几十年的可靠证据表明，持有一种合理的心理治疗理论，会使治疗取得更大的成功。不过，在具体的助人过程中，理论的作用还是很难解释。下面这段关于解决问题的叙述，将有助于传达理论的重要性。

伊索讲述了一则寓言：关于太阳和风进行比赛，以确定谁最有力量。他们从天空中选中了一个在街上行走的人，风打赌说他能够脱掉那个人的外套，太阳同意了这次比赛。风呼呼地吹着，那个人紧紧地裹着他的外套。风吹得越猛烈，他就裹得越紧。太阳说，该轮到他了。他将自己所有的能量照射出温暖的阳光，不一会儿，那个人就把外套脱了。

太阳与风之间比赛脱掉男子的大衣跟心理治疗理论有什么关系呢？我们认为，这个让人迷惑的简短故事强调了理论的重要性，理论作为任何有效干预的先驱——因此也是一种良好结果的先驱。没有一种指导性的理论，我们可能只治疗症状，而没有理解个体的角色。或者，我们可能与来访者产生了强烈的冲突，而对此一点也不理解。有时，间接的帮助手段（阳光）通常与直接的帮助手段（风）一样有效——如果不是更有效的话。如果没有理论，我们将失去治疗聚焦的方向，而陷入比如社会准则（social correctness）中，并且不想做一些看起来过于简单的事情。

确切地说，理论是什么？《美国心理学会心理学词典》（*APA Dictionary of Psychology*）将理论界定为"一种或一系列相互关联的原理，旨在解释或预测一些相互关联的现象"。在心理治疗中，理论是一系列的原理，应用于解释人类的思想或行为，包括解释是什么导致了人们的改变。在实践中，理论创设了治疗的目标，并详细说明了如何去实现这些目标。哈利（Haley，1997）指出，一种心理治疗理论应该足够简单，以让一般的心理治疗师能够明白，但是也要足够综合，以解释诸多可能发生的事件。而且，理论在激发治疗师与来访者的希望，认为治愈是可能的同时，还引导着行动朝向成功的结果发展。

理论是指南针，指导心理治疗师在临床实践的辽阔领域中航行。航行的工具需要经过调整，以适应思维的发展和探索领域的拓展，心理治疗理论也是一样，需要与时俱进。不同的理论流通常会被称作"思潮",第一思潮便是心理动力理论(比如,阿德勒的理论、精神分析),第二思潮是学习理论(比如,行为主义、认知—行为学派),第三思潮是人本主义理论(以人为中心理论、格式塔、存在主义),第四思潮是女性主义和多元文化理论,第五思潮是后现代和建构主义理论。在许多方面,这些思潮代表了心理治疗如何适应心理学、社会和认识论以及心理治疗自身性质的变化,并对这些变化作出了回应。心理治疗和指导它的理论都是动态的、回应性的。理论的多样性也证明了相同的人类行为能够以不同的方式概念化(Frew & Spiegler,2008)。

我们创作这套美国心理学会《心理治疗丛书》时,有两个概念一直谨记于心——理论的中心重要性和理论思维的自然演化。我们都彻底地为理论以及驱动每一个模型的复杂思想范畴所着迷。作为教授心理治疗课程的大学教师,我们想要创造出学习材料,不仅要对专业人士以及正在接受培训的专业人员强调主流理论的重要性,还要向读者们展示这些模型的当前形态。通常在关于理论的著作中,对原创理论家的介绍会盖过对模型进展情况的叙述。与此相反,我们的意图是要强调理论的当前应用情况,当然也会提及它们的历史和背景。

这个项目一开始,我们就面临着两个紧迫的决定:选取哪些理论流派,选择谁来撰写?我们查看了研究生阶段的心理治疗理论课程,看看他们所教授的是哪些理论,我们也查阅了受欢迎的学术著作、文章和会议情况,以确定最能引起人们兴趣的是哪些理论。然后，我们从当代理论实践的最优秀人选中，列出了一个理想的作者名单。每一位作者都是他所代表取向的主要倡导者之一，同时他们也都是博学的实践者。我们要求每一位作者回顾该理论的核心架构，然后通过循证实践的背景查看该理论，从而将它带进临床实践的现代范畴，并清晰地说明该理论在实际运用中情况如何。

这一丛书我们计划有 24 本。每一本书既可以单独使用，也可以与其他几本书一起，作为心理治疗理论课程的资料。这一选择使得教师们可以创设出一门课程，讲授他们认为当今最显著的治疗方法。为了支持这一目标，美国心理学会出版社（APA Books）还为每一取向制作了一套 DVD，以真实的来访者在实践中演示该理论。许多 DVD 都展示了超过六次的面谈。有兴趣者可以联系美国心理学会出版社，获得一份完整的 DVD 项目的清单（http://www.apa.org/videos）。

对于一生中工作的作用，怎么高估也不过分。生命核心的任务之一就是发展职业同一性（identity）。近期评估表明，美国成年人会花费三分之一到一半醒着的时间在工作上。而且，最近的全球经济低迷已经根本改变了工作的价值，消极地反映在失业人员相关的压力、恐惧和不确定性以及工作结构性质的重要改变上。从一开始，生涯咨询在传统上就是从客观的角度，对个人特质、兴趣和职业的不同方面进行匹配，希望发现一个良好的匹配。在本书中，马可·L.萨维科斯展现了一条新的设想生涯咨询实践的道路，这条道路镶嵌在建构主义和叙事知识论中。要说萨维科斯提供了这一领域的范式转变，这毫不夸张。这里展现的当代方法是适应性的，足够匹配快速变化和增长的全球经济，但也足够敏感将意义生成与文化势力影响作为中心亮点。读者可以期望得到一个与当代职业景观相关且能提供可用的咨询工具的范例。从一开始，我们就希望萨维科斯的思想和方法能够成为APA《心理治疗丛书》的一个部分。编辑这本书是一种荣誉和快乐，我们确信读者将会被这里展现的范例所激励和鼓舞。

——乔恩·卡尔森和马特·恩格拉-卡尔森
（ Jon Carlson and Matt Englar-Carlson ）

## 参考文献

Frew, J. & Spiegler, M. (2008). *Contemporary psychotherapies for a diverse world*. Boston, MA: Lahaska Press.

Haley, J. (1997). *Leaving home: The therapy of disturbed young people*. New York, NY: Routledge.

# C ONTENTS 目 录

# 工作世界与
# 生涯干预

CHAPTER ONE

21 世纪的工作让人感到焦虑和不安。此前，20 世纪稳定的职业和有安全感的组织，为人们建立生活和憧憬未来提供了牢固的基础。可惜这样的稳定性和安全性现已让位于职业的多变性和组织的流动性，这种新的社会秩序给人们带来了巨大的压力（Kalleberg，2009）。

数字化革命把长期工作变成了短期项目，出现了"岗位弱化"（dejobbing）或"无岗位工作"（jobless work），强调稳定性的生涯理论已难以理解这种流动性。在动荡的经济环境下，新的雇佣市场要求我们不再把生涯视为员工对雇主的终生承诺，而是向一个个需要完成项目的雇主出售服务与技能。当生涯的模式从一生承诺变为灵活多变，生涯咨询的模式也必须随之改变。生涯咨询的理论和技术必须发展，以更好地协助全世界的工作者适应流动性的社会和不固定的组织。为了更好地帮助来访者在 21 世纪规划他们的生活，许多生涯咨询师已经开始转变他们的实践模式（Savickas et al.，2009）。在现代性的职业指导和高度现代性的生涯教育之外，他们增补了后现代性的生涯咨询。

职业指导和生涯教育之所以受到重视，是因为它们很早就有效地回答了工作生活提出的问题（Guichard，2005）。20 世纪初期出现了论述职业行为的第一个重要理论（职业选择理论——译者注），它是为了回答西方社会应对个体化、城市化和移民现象而提出的问题：上班族如何才能够与职业达成最佳匹配？在帕森斯（Parsons，1909）关于个体能力、兴趣与职业要求、报酬的匹配公式中提供了答案。接下来的 50 年，帕森斯关于个体与职业的匹配模型逐渐发展成为个人—环境（person-environment）理论。而霍兰德（Holland, 1997）关于职业选择的配对理论更把匹配模型推向了一个新的顶峰。在开展职业指导时，生涯指导者会运用霍兰德的匹配模式帮助来访者（1）增进自我了解；（2）增加职业信息；（3）匹配自我与职业。

在第二次世界大战之后，美国经历了城镇化的发展，中产阶级的个体开始受雇于设立在摩天大楼里各个层级的职位。因此，20 世纪中叶出现了职业发展（vocational development）理论，它回答了这一问题：如何在科层制的职业和组织中攀登自己的生涯阶梯？在开展生涯教育时，生涯教育者会应用舒伯（Super, 1957）的职业发展模式帮助来访者（1）理解生涯的阶段；（2）了解临近的发展任务；（3）训练完成那些任务所需的态度、信念和能力。考虑到如何把工作者与职业进行匹配、如何在科层体制中发展生涯，用于职业指导的霍兰德职业选择理论（1997）和用于生涯教育的舒伯职业发展理论（1990），时至今日仍然非常有用。

但是，21 世纪伊始，随着公司形态的变化，生涯关系开始从依附组织转向依赖个体（Hall, 1996a）。如今，数字化革命要求个体管理自己的生涯，而不是在稳定的组织内部发展生涯。这种从组织到个人的职责转变，提出了新的问题，即个体如何协调其不停变更工作的一生？生涯建构理论（career construct, Savickas, 2001, 2005）应运而生，为这一问题提供了答案。在开展生涯咨询时，生涯咨询师会运用生涯建构理论帮助来访者（1）通过小故事建构生涯；

（2）把小故事解构（deconstruct）并重构（reconstruct）进入大故事；

（3）共同建构（co-construct）故事的下一段情节。

## 生涯咨询的演变

尽管，生涯咨询（career counseling）这个词在 20 世纪 60 年代就为人所知，但是，对这一过程的学术界定也只是最近才引起持续关注（Subich & Simonson，2001）。在美国心理学会职业心理学分会的开幕会议上，发生了生涯咨询理论发展中一件重要的事情（Savickas & Lent，1994）。在这次会议上，与会者得出结论，生涯发展理论与生涯咨询理论存在差异。尽管许多研究者与从业者把霍兰德（1997）的类型论与舒伯（1957）的阶段论视为生涯咨询理论，但是类型和阶段却主要是关于职业选择和生涯发展的重要理论。在开展实际的生涯干预时，生涯咨询行业一直依赖帕森斯（1909）用于职业指导的匹配模型，将其作为生涯干预的核心"咨询"模式。匹配模型要求来访者在咨询师为其提供测试解释和职业信息之后作出理性抉择。这种高效的内容取向的职业指导，最终被过程取向的生涯教育取向所补充。这种过程模式关注的是来访者如何作出决定，而不是选择什么职业。在运用过程模式时，咨询师教授来访者进行现实决策时所需的态度、信念和能力。与职业指导（career guidance）一样，尽管教授来访者发展性态度和能力的过程模式事实上是生涯教育（career education），但是它也被称作生涯咨询（career counseling）。除了组成指导和教育的沟通维度之外，生涯咨询还要求有一种关系维度（Crites，1981）。

考虑到生涯咨询理论的脱节，职业心理学分会主办了第二次会议（Savickas & Walsh，1996）。与会者达成了一致：生涯发展理论回答的是知识性问题——对于一个问题我们能够知道什么；但是，生涯咨询理论要回答的是行动性问题——针对这个问题来访者能够做些什么。奥斯潘（Osipow，1996）断言，生涯发展理论的提出并不是为生涯干预提供操作程序。他怀疑从业者是否对生涯发展理论期望过多。迈尔斯（Myers，1996）则怀疑理论与实践之间的分裂，也许正是因为错把生涯发展理论当作咨询理论。当我们错把职业指导当作生涯咨询时，个体咨询与生涯咨询之间长期存在的分裂（Subich，1993）就不足为奇了。

在这次会议期间出现了两种新的生涯咨询理论。查坦德（Chartrand，1996）提出了一个初步性的生涯咨询模型，其包含并补充了生涯发展理论。她所提供的生涯咨询理论雏形，运用社会认知生涯理论来解决咨询内容，并运用互动元素来完成咨询过程。相似地，克朗伯兹（Krumboltz，1996）在其生涯决策的社会学习理论中加入咨询元素。后来，克朗伯兹（2009）又阐述了把这个模型与生涯咨询的偶然性学习理论（happenstance learning theory）相结合，后者聚焦于帮助来访者把随机事件整合进他们的生涯发展。同样，普雷尔和布莱特（Pryor & Bright，2011）在阐述其吸收了咨询模式的生涯混沌理论时，也把关注点放在那些意料之外的事件上。

　　萨维科斯并没有补充现有的生涯发展理论，他（1996）通过把生涯发展理论汇聚进一个框架，突出它们之间的联系并阐述其对于评估和干预的意义。这个聚合的框架最终演化成职业行为的建构主义理论，关注来访者的人格特质、发展任务以及生命主题（Savickas，2001）。随着生涯建构理论的演化，萨维科斯（2005）发展出一种明确的生涯咨询模型。它既不是一种职业指导模型——帮助个体适应工作和岗位，也不是一种生涯教育模式——教授来访者关于发展性任务的知识以及如何理性应对。它真正的是一种咨询模型，因为其关注点是人际关系的处理，这种人际关系帮助个体建构生涯。它很符合舒伯（1951）对生涯咨询的定义，舒伯把生涯咨询比作：

　　这样一个过程，它帮助个体发展和接纳其在工作世界中完整和适当的自我形象及其角色，帮助个体在现实中检验这个概念，并把它转化为现实，满足自己，服务社会。（p.92）

　　生涯建构的咨询或单纯的生涯咨询，并没有取代职业指导和生涯教育，而只是在其中谋得了自己的一席之地。简洁起见，图1-1展示了不同的生涯干预——指导、教育和咨询之间的基本差异：职业指导，依据个体差异的客观视角把来访者视作表演者（actors），个人特质的得分高低可以帮助他们将自己与那些需要类似特质的职业进行匹配。生涯教育，依据个体发展的主观视角把来访者视作主导者（agents），他们参与适合自己人生阶段之发展任务的准备程度可以帮助他们去执行新态度、新信念和新能力，推进他们的生涯。生涯咨询，依据个体构思的设计视角把来访者视作创作者（authors），他们的特征是其自传体的故事；可以帮助他们去反思生命主题，建构他们的生涯。图1-1中这三者之间的区别在以下书籍章节中有更详细的阐述：麦克亚当斯和奥尔逊（McAdams & Olson，2010）区分出了表演者、主导者和创作者；萨维科斯（2001）区分了特质、任务和主题；萨维科斯（2011）区分出了客观、主观和设计。

生涯服务

| 职业指导 | 生涯教育 | 生涯咨询 |
|---|---|---|
| 表演者（actor） | 主导者（agent） | 创作者（author） |
| 得分（scores） | 舞台（stages） | 故事（stories） |
| 特质（traits） | 任务（tasks） | 主题（themes） |
| 相似度（resemblance） | 准备程度（readiness） | 反思性（reflexivity） |
| 匹配（matching） | 实施（implementing） | 建构（constructing） |
| 客观（object） | 主观（subject） | 设计（project） |

**图1-1　生涯服务：由指导、教育和咨询组成**

所以今天，根据来访者的不同需要，咨询师会采取不同的生涯服务：职业指导确定职业匹配，生涯教育促进职业发展，生涯咨询设计工作生活。每一种生涯干预——无论它是指导、教育还是咨询——都会因它被需求的目的而有价值、有效率。当咨询师根据特定的情况而选择相应的干预方法时，他们再次回答了威廉姆森和鲍丁（Willamson & Bordin，1941，p.8）最先提出的问题：对什么类

型的来访者使用什么方法，并将产生什么结果？有兴趣了解更多有
关职业指导的读者，可以查阅霍兰德（1997）或罗奎斯特和戴维斯
（Lofquist & Dawis, 1991）的相关资料。对生涯教育感兴趣的读者，
可以参考舒伯、萨维科斯和舒伯（1996）的相关资料。我们这本书
设定的主题是生涯咨询。而本章剩下的部分将解释为什么建构主义
的生涯咨询满足了个体的需求，即做好准备并适应由数字革命与全
球化经济带来的新的工作世界。

## 新的工作世界

21 世纪的头十年，西方社会的工作与职业模式经历了翻天覆
地的变化。信息技术的快速发展和世界市场的开放导致了全球化，
而全球化改变了人们的工作形式和生活方式。尽管全职雇佣仍然是
主流的工作模式，长期的生涯仍然存在，但是在科层制的组织瓦解
之后，临时的、兼职的工作越来越司空见惯。数字化革命要求组织
在应对市场环境时变得更小巧、更敏捷、更迅速。通过精简决策层
和移除职能单位之间的障碍，这一目标得以实现并产生了一种新的
组织，时任通用电气老总韦尔奇（Welch, 1992）称之为"无边界"
（boundaryless）组织。

组织形式的改变导致了生涯形式的改变。在后现代的 21 世纪
组织中的员工变得无束缚和无根基。现在的组织把标准的岗位（jobs）

和非标准的任务（assignments）混合在一起。工作没有消失，但是岗位弱化已经影响了工作的结构——工作成了完成一项以项目开始并以产品结束的任务。工作作为一个项目，其最好的例子便是制作一部电影。为了完成这个项目，制片人集合了一个拥有不同技能专家的大团队，在一起工作一段时期来拍成一部电影。当这部电影拍摄完成时，这个工作团队也随即解散，每一个组员又会去寻求另一个项目的雇佣。对许多工作者来说，一项任务一般不超过两年。20世纪80年代出生的人群，超过一半人首份工作不超过5个月（Saratoga Institute，2000）。不仅对于那些年轻人是如此，那些之前有稳定工作和家庭的人也是如此。年龄在33至38岁之间的工作者，他们所接手的工作有39%会在一年之内结束掉，70%的工作不会超过5年。有四分之一的工作者在他们现有的岗位上待的时间不超过一年（Bureau of Labor Statistics，2004）。

## 没有安全感的工作者

随着岗位被项目所取代，在后现代全球化经济中工作的个体会经常在赋予生活意义的雇佣任务中产生混乱（Kalleberg，2009）。在反复的任务转换之间，个体必然会有不确定性和焦虑。因此，组织的岗位弱化产生了"没有安全感的工作者"（insecure worker），这些雇员包括了那些被称作临时的、派遣的、随机的、合约的、自由职业的、兼职的、外聘的、非正式的、兼任的、顾问的以及自己当老板的。这些角色之下的工作没有提供传统工作所拥有的好处。那些曾经作为工作者保障的福利都成了问题，比如就业保障、医疗保险和养老金。甚至对许多工作者来说，拥有一个家庭的美国梦也在消逝。今天，流动的劳动力觉得租房居住会更舒适，因为自置居所会把人们系在某个区域内，受雇的机会也会随之缩小。我注意到，对许多人来说，系于科层制的生涯仍然存在。但是，我们已经进入一个让工作者没有安全感的时代，他们都不再受限于一个单一的组织，也不会扎根于同一份工作 30 年。

现有的生涯理论既不能充分解释动荡不定和快速变化的职业结构，也不能满足边缘和外部工作者的需要。即使是对核心工作者（core worker）来说，确定的和可预测的生涯路线也不复从前[1]。建立完好的路径和传统的脚本正在消失。今天，大多数工作者无法再过一种基于安全雇佣的稳定生活，他们必须通过终身学习或者人们说的"为了谋生而学习"来维持灵活的就业能力。他们无法在稳定的环境中制订计划来发展生涯，他们必须时刻关注变动的环境中的可能性来掌管自己的生涯。

---

[1] 一般，企业将人力资源分为核心工作者、边缘工作者和外部工作者。它们对组织的重要性依次减弱，同样，其岗位的稳定性也依次减弱。——译者注

## 21 世纪的生涯理论和干预

　　20 世纪的制度体系为生命历程提供了一种元叙事[1]，即一个和谐一致的故事。这种元叙事以稳定的承诺清晰地勾勒出轨迹，个体依此做出生命规划。而 21 世纪关于生涯的组织叙事是不确定的、没有安全感的，所以个体无法依此做出生命规划（Kalleberg，2009）。他们行动的指南针必须跟随多变世界中的各种可能性，而不是在稳定社会中进行预测。因为无边界组织（boundaryless organizations）为个体提供的生涯结构如此之少，所以如今个体必须为管理自己的工作生活担负更多的责任。人们不再是生活在一个由公司授予的叙事之中，当他们在后现代世界中进行职业变动时，他们必须成为自己故事的作者。

　　在一篇名为《把握工作环境》（ "Holding Environments of Working"）的文章中，卡恩（Kahn，2001）宣称生涯理论需要应对无边界组织的出现。变化多端（protean）和无边界（boundaryless）是两个隐喻，象征如今由个人而不是组织拥有的新生涯。由于认识到 21 世纪的生涯是个体化而非组织化的，霍尔（Hall，1996b）阐述了一个变化多端的生涯概念。作为形容词，变化多端意味着灵活、多面的，具有适应性的。霍尔把变化多端的生涯描述成是自我导向的，由内在而非外在的价值观所形成。在追求自我导向的价值的过程中，个体运用认同力和适应力这两种元能力（metacompetencies），

---

[1] metanarrative，指的是支撑西方文明的普遍真理与客观真理；而后现代对此表示怀疑，认为并不存在什么客观真理与普遍的科学理性。——译者注

绘制出一条穿越工作领域（work terrain）的路线；同时，这两种元能力让个体感觉到，现在是时候去改变，也有能力去改变了。霍尔关于变化多端的生涯的概念，关注的是内在的心理变量，这在亚瑟（Arthur，1994）的无边界生涯概念中得到了进一步补充。一个没有边界的生涯，不再稳定地系于一家公司，而是由一系列的工作职位组成，其特征是在横穿不同的组织时个体出现的生理和心理的变动。那些拥有更强生涯能力（包括认同力与适应力）的个体，可以为工作变动创造更多的机会。

缺失稳定的结构和可预测的轨迹，导致了所谓的"生命历程的个体化"（Beck，2002）。之所以出现了后现代生活制度化的个体主义，是因为工作不再绕着生活这个轴（即其他的角色都围绕着生活产生）来转动。非标准的工作导致非标准的生活。个体从事的工作无法为其带来安全和稳定的个人定位。生命历程的个体化要求个体通过个人传记（Alheit，1995）和职业认同（Sveningson & Alvesson，2003）来完成职业过渡。个人传记指的是自我参照（self-referential）的过程，借助这个过程个体将新的和困惑的经验整合进他们的传记。职业认同指的是同一性建构和修正的过程，借助这个过程个体可以应对生活任务、职业变动和创伤所导致的不确定性。它包括了许多解释性的活动——"形成、修复、维持、强化和修正一个能够产生一致性和独特性感觉的结构"（Sveningsson & Alvesson，2003，p.1165）。个人传记和职业认同创造了同一性资本（identity capital）。尽管组织仍然提供金融资本，但是个体必须通过知识、爱好，运用他们自己的故事创造个人的同一性资本。为了在创造同一性资本时发挥作用，21世纪的生涯干预应该帮助个体建构并运用他们的生命故事，令其根据完整的人物性格做出选择并采取行动。

## 一种新范式

新的理论不能仅仅是旧的思想的补充或扩展。构想生涯理论的新范式，必须以个人传记和职业认同为基础，同时还要包括关注就业能力、适应能力、情绪智力和终身学习的干预模式。21世纪对工作的社会性重组，要求生涯理论随之进行基础性的重构——从不同的视角来想象并根据新的前提来阐述。举个例子，在20世纪下半叶，实现核心自我（actualizing core self）的现代思想已经存在于个体身上，并服务于生涯咨询。然而，对于21世纪的生涯，这种思想会被后现代思想所取代，重要自我并不先行存在；相反，建构一个自我是一项生命设计（life project）。这种观点把自我看成是一个故事，而不是一个由一系列特质界定的实体。

不用说，自我实现和自我建构为生涯咨询提供了两种迥然不同的视角和前景。需要澄清的是，本书中的思想是基于霍兰德（1997）的差异心理学和舒伯（1990）的发展心理学中展现的实证主义观点，并且对他们的贡献深表崇敬；但同时，它们也来源于建构主义观点强调的叙事心理学。霍兰德和舒伯的传统理论不能简单地用对或错来衡量；它们为职业指导和生涯教育提供了一系列的实践操作。因为它们的重要性与实用性，这些理论应该被继承下去。然而，传统理论也必须被新的实践所补充，因为它们无法进一步满足处于多变性组织和流动性社会中流动的工作者的需要。

相应地，生涯建构理论（Savickas，2005）满足了当今流动的工作者的需要——他们感到焦虑、愤怒，因为他们遭遇了职业的重建、劳动场所的转换以及多元文化的规则。在一个不确定的世界，发展技能和才智固然重要，但是这却无法替代一种踏实的自我感。因此，生涯建构理论聚焦于通过工作和关系进行自我建构。知识型社会中的幸福要求个体把他们是谁与他们做了什么联系起来，以此让个体成为自己生活的所有者。为个体提供生涯咨询，使其从寻找个人的生活工作转变为构想如何创造个人的生活工作，需要一门涉及生活设计并决定如何在生活中工作的干预科学。

## 概　览

在呈现生涯咨询的模式之前，第 2 章考察了自我、同一性、意义、征服（mastery）和重要性（mattering）等概念。第 3 章说明了咨询师如何运用叙事心理学去帮助来访者修正他们的生涯故事，以增加理解性、一致性和连续性。第 4 章描述了生涯故事访谈的框架和元素，在访谈中咨询师会询问来访者关于故事加工（story-crafting）

的问题。接下来的 3 章内容对生涯故事访谈中所选的材料进行了系统评估。第 5 章呈现了一些评估的目标，这些目标集中于选取来访者的早期回忆中经验的执念（preoccupations）和问题。第 6 章描述了如何认同来访者在他们的早期回忆中的问题解决方式。第 7 章讨论了如何运用生涯主题（通过认同适合的环境、可能的脚本和未来场景）来扩展来访者的职业规划。在完成生涯故事评估控制的讨论之后，最后两章关注生涯咨询中运用评估的结果。倒数第 2 章描述了咨询师如何构成一个同一性叙事，把来访者的小故事重构进大故事里，这种方式鼓励来访者通过自身反思来澄清选择。最后一章说明了意向转化为行动的重要性——首先通过探索和试验，然后通过决定和行动。这一章的结尾讲述了雷蒙德的案例，用来阐述生涯建构咨询理论。最后的关键术语表界定了本书中运用的专业词汇。

建构自我和
同一性

CHAPTER TWO

生涯建构理论把塑造自我（self）看作一项任务。个体运用人类独有的感知意识的能力，通过对经验的反思来建构自我。自我意识或者对意识的感知需要语言（Neuman & Nave，2009）。没有语言就不可能有反思，正是反思性的思考建构了自我。所以，语言是生涯建构理论中一个重要的元素，因为除了构建个体的自我，它还构建了个体的主观生涯。客观生涯指的是个体从求学到退休所从事的一连串角色。每个人都有客观生涯，可以通过时间跨度观察到这个客观生涯。然而，建构主观生涯却类似于一项建构自我的任务。当建构个体工作生活故事的思维或心理活动出现时，主观生涯就会从中浮现。它要求个体的心理活动去回忆过去的角色、分析当前的角色并预测未来的角色。不是人人都会花费足够的时间来反思他们的工作生活，并构建他们的主观生涯。而且，主观生涯的构建不能仅仅依靠个体对当前生活的意识；它还要求个体有自我感知特别是具有自我意识的反思，建构跨越过去、现在和未来的连续性。人类的这种反思性表达需要运用语言。

生涯建构理论与传统生涯理论（认为语言起表征作用）有所不同，传统的生涯理论依赖于认识论（epistemology），认为语言是对先验存在的思维和感觉的表征，并为它们的表达提供了一种手段。相比而言，生涯建构理论依赖于这样的信念——语言建构并组成了社会现实。我们来看一个例子，最近有个回忆录（Gorokhova，2009）谈到20世纪60年代在列宁格勒的一个成长故事。一个10岁的小女孩在做英语家庭作业时，对隐私（privacy）一词的意思感到不解。她的家庭老师解释说在俄语里没有与之对应的词；它根本就不存在。这个小女孩感到非常奇怪，西方人怎么会拥有俄国人没有的某些东西。当我们说话时，我们就在创造（As we talk, so we make）。语言为生活提供了资源，使人类的思维和意义创造变为可能。正如前所述，生涯建构理论更关注建构自我，而不是实现重要自我。语言不是去拥护先验存在的、重要的自我。相反，语言为形成自我概念、建构自我提供了所需要的词汇。诗人华莱士·史蒂文斯（Wallace Stevens，1952）在他的诗歌《齐维斯特的秩序之观念》（*The Idea of Order at Key West*）对此进行了优雅的解释：[1]

> ……当她歌唱时，大海，
>
> 无论她拥有什么样的自我，都化为
>
> 她歌声的自我，因为她是创作者。
>
> 当我们看见她独自那里阔步，于是我们，
>
> 明白未曾有哪个世界为她存在，
>
> 除了她所唱过的、正在唱的和造出的那个。（p.131）

个体还会运用语言使从反思中浮现的自我意识沉淀下来。从某种意义上说，我们生活在语言之中，语言容纳了自我，就像词语记住过去、展望未来一样。因为语言提供了建构自我所需要的工具，

---

[1] 所摘录的《齐维斯特的秩序之观念》片段选自华莱士·史蒂文斯所著的《华莱士·史蒂文斯诗集》，1954年由华莱士·史蒂文斯出版，1982年由霍莉·史蒂文斯再版。此处使用得到兰登书屋有限公司，艾尔弗雷德·A. 克诺夫出版社许可。

所以词汇的缺失便意味着与之相关的自我观的缺失。在自我建构咨询中,咨询师需要密切注意来访者的语言,因为这些词语建构了来访者的自我,并为他们的生命之河开掘了一条通道(cf. Kelly,1995)。为了形成新的自我观、打开工作世界新的视野,来访者可能需要新的词语。当他们说出新的词语时,他们便在创造新的世界。这个新的世界为他们投身不同的场景(scenarios)、参与新的行动创造了机会。

尽管个体通过说话使其自身得以存在(existence),但是他们需要比语言更多的东西来建构自我。人们需要在经验中反思,特别是人际关系的经验,因为自我是由外而内建构的(而不是由内而外)。正如维果茨基(Vygotsky,1978)指出的,"我们的心中没有任何东西不是首先存在于社会中的"(p.142)。人们把语言作为工具来协调他们的行为和社会关系。所以,个体的自我事实上不是由自我来建构,而是通过主动的、合作的过程来共同建构。我们需要彼此来创造自身的意义以及我们所栖身的世界的意义。在意义创造的过程中,自我作为一个独立的人这个观念产生了。通过自我意识的感知,自我识别出它自身。这个自觉创造的独立自我的观念由关于经验的故事建构而成。从某种意义上讲,借助语言表达的具有自我意识的反思是塑造自我的过程,而由此产生的故事是构成自我的内容(那些使人印象深刻的事件和让人喜爱的品质)。总之,自我是一个不断浮现的意识过程,它由文化所塑造,在社会中形成,并且通过语言来叙述。

# 同 一 性

生涯建构理论清晰地区分了自我与同一性（identity）。自我既不等同于同一性，也不能为同一性所涵盖。自我是一个比同一性更大的概念。在社会科学中，同一性有许多种含义，一般是指个体对社会中的自我的理解。在生涯建构理论中，同一性指的是人们如何看待他们与社会角色相关的自我。角色自我（self-in-role）或角色同一性是指在社会情境或环境背景中对自我的社会建构定义。同一性通过在社会背景中定位自我而使自我图式化（schematizes）（Markus，1997）。所谓同一性图式，是指个体用来调节和指导自己对社会现实做出反应的一个模式。运用三段论来理解，我们可以认为同一性的形成是这样的：个体的正命题（自我）与世界的反命题（角色）相遇，构成了一个合命题（同一性）。因此，同一性是由心理自我与社会环境共同建构而成的。通过心理自我与人际经验、文化表达的联结，个体开始形成心理社会同一性。在适当的时候，个体把这些属性整合进一个和谐统一的整体，一个用来组织他们信念、能力和兴趣的格式塔（gestalt）。当个体集中和整合这些属性时，一致性与连续性对形成和发展同一性起到作用（McAdams & Olson，2010）。当个体加入一个社会群体［提供明确的社会职位（social niche）］时，他或她的同一性就变得明晰可辨。通过这种与他人的联结，个体被群体的聚集地（比如街坊、教堂、学校和单位）所认同。然后，个体开始在明确和稳定的团体中追求目标与价值。从这个角度来看，职业选择是指个体运用社会典型的文化脚本来完成职位建构，以认同和追求某个工作角色。职业为个体在其群体中发展自我提供了一种途径。

作为一种心理社会结构，同一性处于自我、环境和文化的交界面。本书中呈现的同一性观点，顺从了西方社会的模式——重视个体而非群体。西方心理学的个体主义视角把关于同一性的自我创作看作是一项个人工程。然而，麦金泰尔（MacIntyre，1981）解释道，个人叙述自己的生命故事但并不是其唯一作者。许多事与人共同创作了这个由个体讲述的故事。这种观点与集体主义文化更为兼容，在集体主义文化中，认同很少是一项个人工程。相反，它经常是一项家庭工程，有时还是一项群体工程。无论是个体主义文化还是集体主义文化，个体的同一性都是共同建构的。然而，在不同的文化与群体中，这种共同建构活动的创作重点可能会倾斜向自我或者他人。为了表示这种创作权衡，咨询师可能会使用选择的（chosen）同一性或授予的（conferred）同一性这两个词语，但是需要牢记的是，无论是主动获得的还是被动接受的，从根本上讲，同一性都是共同建构的。从西方视角来看，被授予同一性的个体仍然可以选择如何独特地展示他们规范的同一性。

在形成同一性时，个体需要做出选择与承诺。他们会根据环境来选择他们的关系。在对其本真生命做出承诺时，个体会在情绪上与现实进行某种平衡，并在相当长的一段时间内表达它们。这样一来，他们就可以通过跟紧某种发自内心的信念来把握自己；当他们体验到困惑和冲突的想法，他们便可以坚守这些信念。他们的选择与承诺塑造了一个协调内部需要与外部要求的习惯模式。与工作角色联系起来，个体宣布选择某种职业便是表明他或她想要对别人展现自己是谁。职业角色的选择和对其脚本（script）的承诺，让个体明确了职业身份，为进一步制订决策提供了框架并增加了能动性。

相比自我这个概念，同一性更加多变。同一性承诺确实提供了一个稳定的意义，至少在一段时间内如此。但是，当情境唤起不同的自我时，同一性也随之变化，霍尔施坦因和古伯瑞姆（Holstein & Gubrium，1999）称之为"自我制造的地形"（geographies of self-making）。因此，同一性在协商性的社会工作和人际交流中不断适应和变化着。由此可见，同一性发展是一个持续一生的过程。个体必须不断修订同一性，以把重要的新经验适宜地整合进连续的生命故事。

当目前的同一性内容不足以或不能够支持个体面对社会赋予的一系列新要求时，个体就需要加速发展或修订他们的同一性。一个故事若不能按照计划完成则必须要进行修订。当这些情况发生时，个体会感到焦虑——因为他们面对着具有挑战性的环境，而没有受到同一性的保护（给予支持和安慰）。在工作生活领域，这种焦虑可能会由职业发展任务、职业变动或工作创伤引发。发展性任务和通常的变动可能是可预料的、积极的，比如参加一个培训项目。相

比而言，个体也会经历不想要的变动和始料未及的创伤，比如突如
其来的失业，这些经验是消极甚至是让人困扰的。无论是积极的还
是消极的，任务和变动总会激发改变；而创伤则可能让个体严重迷
失，因此使其意义系统产生迷茫、冲突或矛盾。当这些感觉出现时，
意味着个体可能正在失去同一性。

　　个体在工作角色中缺乏明确的同一性，可能会体验到生涯悬
置或不确定性。因为个体无法把他们的经验同化（assimilation）进
稳定和满意的意义系统，所以一开始他们就会感觉到认知上的不
协调和不平衡。这时候，个体会不断尝试把他们的混乱感同化进
现有的同一性和意义系统。在某个时刻，个体的不协调感会上升到
一个重要的临界值；而在这个临界值之上，个体就需要通过顺应
（accommodation）来恢复平衡（Brandstadter，2009）。同一性破碎
和瓦解之后的重新整合，需要有新的语言和更广泛的叙事。个体必
须通过详细阐述当前的意义系统或创造新的意义把他们的经验带入
现有图式（schemas）并与之保持协调。届时，赋予事物意义的认同
工作才真正开始。这种由顺应达成的适应，通过建构更可行的同一
性推动了个体的发展，这种同一性具有更强的整合性和稳定性。[1]

　　通常，由于需要顺应重要的职业发展任务、重大的职业变动或
严重的工作创伤，个体会去寻求生涯咨询来促进他们的认同工作。
因为从较小的困扰中恢复平衡比较容易，所以个体顺应一系列细小
而重要的问题会促进发展。许多细小问题逐步累积或出现一个单独

---

[1]同化，指将外界因素整合于一个正在形成或已形成的结构；顺应，指同化性的结构受到它
所同化的元素的影响而发生的改变。——译者注

的大问题则可能会阻碍发展，因为这时候需要更多的时间和精力来顺应重大的意义转换。当个体的认同遭遇挑战或出现问题时，不管是细小任务的集合还是一个单独的大任务，现有的同一性都可能不足以支持其进入新的社会空间。修订同一性以顺应新的或不确定的挑战涉及了同一性的叙事过程。

## 叙事同一性

同一性在叙事中形成与表达（McAdams, 2001）。我们无法通过一些特征词或者句子来理解自我意识。有关自我的知识存在于故事当中。叙事同一性以阐释自我的形式提供了理解，为社会世界中的个体指引方向。通过叙事，个体就好像是一个外人来阐释自我。正如威廉·詹姆斯（William James）极好地解释道，"主体我"（I）讲述关于"客体我"（me）的故事。类似地，丹麦小说家迪内森（Dinesen）写道，"成为一个人就意味着有故事要说"（引自Christensen, n.d.）。只有当我们知道自己的故事时，我们才能说我们是谁。这些关于"客体我"的故事就是个体用来建构叙事同一性的材料。

生涯建构咨询师运用叙事同一性（narrative identity）来表示个体所讲述的他们在某些社会角色或背景中关于自我的故事。从某种意义上说，它体现了哲学家汉斯－格奥尔格·伽达默尔（Hans-Georg

Gadamer，1960/1975）所谓的"我们所是的对话（the dialogue that we are）"。麦克亚当斯和奥尔逊（McAdams & Olson，2010）把叙事同一性定义为"一种内化和发展的生命故事，在个体的青春后期开始发展，为个体的生命提供意义和目标"（p. 527）。当个体抛弃惯常的路线而开始新的生活时，他们便需要开展叙事同一性工作。混乱带来的挑战可以被视作不被期望和没有保证的，但也可以被视作重新建构生活和开启新的故事线索的机会。不管怎样，叙事同一性工作都需要个体主动去接受并分析新的经验或令人困扰的社会期望带来的影响。

叙事同一性这个词展现了一种矛盾，也就是说，它是由两个意义相悖的词汇，为了某种目的而组合在一起的新词。从拉丁词 idem（意指"相同的"）来看，同一性意味着持久、类似和反复。相对而言，叙事的代表了变化、差异和改动。所以，同一性的稳定性与叙事的流动性是对立的。因此，"叙事同一性"兼备了精确度和灵活性，在讲述一个人如何变化时，仍以某种重要的方式保持他或她的同一性。叙事同一性就是一部随着时间流逝不断地修订同一性，但不丢失其核心意义的生命史。叙事同一性讲述了一个关于自我的故事，是一个关于自我成长的叙事，回应生命过程中不断出现的变化。当个体感到他们正在改变而不知道会变成什么样的时候，叙事同一性的过程便会发生。当个体在社会空间中重新定位时，他们需要创作一个叙事同一性——既可维持同一（sameness）又可对变化做出解释。叙事修订解决了同一性的问题，同时解决了当前的错位。

在修订叙事同一性时，个体会通过反省和沉思尝试理解他们生命中的秩序。他们使用自传推理（autobiographical reasoning）寻求过渡的桥梁使"故事继续上演"（Giddens，1991，p. 54）。对话式的故事讲述是一个微观过程，在个体尝试理解自我和周围环境时，通过这一过程使同一性工作继续进行。在个体寻求发展的道路上，他们通常会学到一些可以整合进他们的生命故事中的事情，这些事情是有意义的改变，是一种能够使个体更有深度、内涵和智慧的改变。这种改变使这个世界更加清晰明了，并使其与个体先前所见的世界有点不同。这种新的学习和意义慰藉促进了个体恢复自身平衡的适应过程。

同一性的叙事过程会收集许多关于重要事件和情节的小故事或微观叙事（micronarratives）（Neimmeyer & Buchanan-Arvay，2004）。尽管大多数小故事涉及的是日常事件，但是叙事过程通常聚焦于重要的人物和事件，也会经常涉及对个体来说重要的时刻和改变生命的经验。在处理微观叙事的时候，个体会主动收集这些故事的线索，把它们汇集在一起创造出一致的个人特征。个体对社会情境中关于自我的小故事进行整合，然后构建成一个大故事或宏观叙事（macronarratives）（Neimmeyer & Buchanan-Arvay，2004）。这些小故事是一种记忆，或多或少客观地报告了一些特别的事件。相比而言，大故事类似于一种自传，因为它对过去的经历赋予了当下的意义（Weintraub，1975）。把先前孤立的经验和事件放入一个更大的故事中，赋予了它们更广泛的意义。

叙事同一性过程会对经验进行扬弃，使之产生意义并把价值观、态度和习惯沉淀进宏观叙事——一个讲述关于生命史的宏伟故事。个体变成他或她所建构的世界中的人物。在宏观叙事讲述模式和历程时，它会对一个生命赋予意义和实质。当宏观叙事讲述我们如何整合这个世界时，它向我们自己解释了自我，也向他人解释了我们的自我。对他人讲述我们的生命故事，不仅会明确我们对自己的看法，而且还会告诉他人，我们希望如何被他们看待。当个体需要理解和面对他们眼前的挑战，也就是说，以前的生命故事不能顺应当前的困扰了，这时就需要修订这个宏观叙事。叙事同一性过程取得成功，会帮个体解决如何在社会上重新立足。

叙事过程的同一性工作，也可被称作传记工作。传记指的是个体的自我参照（self-referential）能力，把新的、困惑的经验组织起来并整合进他们的自传（Alheit，1995）。通过帮助来访者观察职业变动时的混乱和扰动，咨询师丰富了他们的传记内容。在接下来的传记工作中，个体需要考虑僵局、危机并明晰可能的选择。为了顺应新的经验和知识，咨询师会和来访者一起修订和改变个体的所知和所感。这些讨论增进了来访者的传记能动性，并鼓励他们找出一条故事线索将不连贯的内容连接起来（Heinz，2002）。最好的顺应可以重新组织个体的意义系统使之更具整合性和稳定性。它产生了一个具有再生力的结构，个体可以用来连接起初破裂和不稳定的经验。最终，重新组织的意义系统完成了从过去走向未来的转变。这个更广泛的、更深层的意义系统增加了个体的自传能动性来应对职业任务、变动和创伤。因此，生涯咨询重新建立和打造了一种连续性，有了这种连续性，个体可以经历转折而不迷失自我。然后，来访者能够以一种既保留又改变过去的方式向前发展。在来访者叙述生命故事之时，他们便开始重新组织一个意义系统。

## 生涯即故事

　　个体通过讲述他们生命故事的宏观叙事来题写他们的同一性。讲故事是同一性工作的本质，特别是刻画那些讲述生命中缺口的故事。故事，是对一些出乎意料之事的反应，至少那些引起咨询师兴趣的故事是如此。故事尝试对未曾预见或不恰当的事件赋予意义。如果每一件事都按照期望发生，那就不需要有故事了。举个例子，如果你向购物商场走去，按期望达到，便不需要有一个故事。但是，如果你迷路了，或者车子爆胎了，那么你需要一个故事。所以生命故事讲述的是正常、合适、期望或正当之中的毁坏或偏差。它们讲述个体成长中的霉点和瑕疵以及个体的欲望、匮乏或需要。故事所呈现的问题和困境代表了事情应是与如是之间的落差。它们讲述的是人们所期望与他们所得到之间的差异。按照布鲁纳（Bruner，1990）所说，人们运用故事来理解这些破裂或偏差。

**职业情节**

故事尝试解释差异并以意义填充缺口。为此，个体创造出一个故事，把事件按照某个顺序组织起来使之更好理解。"滴答"（tick）不是故事，滴答滴答（tick-tock）才是故事（Kermode，1966）。正如艺术策展人约翰·巴尔代萨里（John Baldessari）所说："一旦你把两件事放在一起，你便在讲故事了。"（引自 O'Sullivan，2006，p. 24）然而，以时间顺序来安置事件的编年史（chroncle）结构只是让事件终止（terminates）。把事件的顺序加以情节规划（plotting）则增加了解释和结局，否则那些经验让人感到是随机的。情节规划把事件顺序建构成一个有着开端、过程和结局的连贯整体，并突出其中重要的部分忽略其他无关紧要的内容。结局（end）或结论（conclusion）带来的叙事性结束（close）正是编年史结构所缺乏的（White，1981）。福斯特（E. M. Forster，1927，第五章）解释道：故事讲述发生了什么，但是情节告诉我们事情为什么发生。他举例说明了故事与情节之间的差异："国王死了，然后王后死了"，这是一个故事，因为它只有事件的发生顺序。相反，"国王死了，然后王后死于悲伤"，这是一个情节，因为它加入了因果关系。在生涯建构理论中，个人履历中的职业顺序按时间记录了一个客观的生涯。每一份职业都可以被看作生涯小说中的一个简短故事。然后，我们要对每份职业之间的联结和关系进行解释，对客观生涯进行"情节规划"并由此形成一个主观生涯。简单地说，情节规划（emplot）指的是根据某个情节把元素分配到每一个叙事中（Ricoeur，

1984）。

　　在生涯建构理论中，同一性叙事就像是许多短故事中的一篇小说。微观叙事构成了许多短故事，个体将之联结成一个长故事或宏观叙事。小故事为个体组成一个大故事提供了可以选择的事件和情节。通过把小故事编织进入一个叙事同一性，个体勾勒出宏观叙事。情节规划（emplotment）将分散的小故事按一定的顺序组合指向一个结局。生命中宏大的故事需要有小故事来阐明和确证。情节规划还使各种事件和情节形成一个部分—整体的结构，这个结构聚集了与整体有关的意义。就好比一段旋律中的音符，一个个部分形成了一个整体。听众不会把一段旋律听成一个个音符；他们体验到的是一个融合了已演奏、正在听到和将要听到的音符的整体。一个宏观叙事的情节规划可以使生命成为一个整体，因为它让个体能够从中辨认出一个模式。随着微观叙事的累积和凝聚，它们揭示了一个重现、反复和持续的内隐模式。最后，个体生命中的这个模式向他们自己和他人揭示了自身。

　　在众多短故事中内隐的模式，可以看作一条贯穿微观叙事的线。这条贯穿之线（through line）通过一条穿越纷繁画面的中心线索，把许多小故事统一进宏观叙事。生命故事之珠在这条线上紧紧靠拢。这条贯穿之线使叙事同一性变得可理解，因为它把许多小故事模式化了。希腊神话（Graves, 1993）把这条贯穿之线比作一条金线（golden thread），带领提修斯穿越迷宫般的黑暗通道回到外部世界[1]。正

---

　　[1] Theseus，希腊神话人物之一，他在进入迷宫之前把线的一头拴在了入口处，因而很容易找到了回头的路。——译者注

如读者将要了解的，关于生命设计的咨询关注的便是个体的那条金线。咨询师希望每一位来访者在结束咨询时，都能够完全体会威廉·斯塔福德（William Stafford, 1999）那首名为《生命就是如此》（*The Way It Is*）的诗：[1]

> 你跟随着一条线。它在世事中穿梭，
>
> 世事变化。但它不变。
>
> 人们不知你追寻的是什么。
>
> 你不得不说明这条线。
>
> 但它很难为别人所见。
>
> 然而你抓住它，你就不可能迷失。
>
> 悲剧发生；人们被伤害。
>
> 或死去；你遭受痛苦、变老。
>
> 时间流逝，无法阻挡。
>
> 而你从来没有离开过那条线。（p.114）

### 生涯主题

由贯穿之线这条金线交织而成的模式可以称为主题（theme）。这个金色主题也就是在情节中内隐的中心思想。由中心思想构成的主题模式提供了主要的意义单元，可以帮助个体理解职业情节的事

---

[1] 摘自威廉·斯塔福德《生命就是如此》，《生命就是如此：新诗选》，威廉·斯塔福德 1998 年所有权。此处重印得到明尼苏达州明尼阿波里斯市格雷沃夫出版社许可，www.graywolfpress.org。

实。通过反复再现，生涯主题（career theme）提供了一个统一的思想，使个体的生命成为一个整体。当个体吸收新的经验时，他们会对情节片段赋予意义模式，通过内隐的主题来理解它们。当个体面对挑战和困扰时，宏观叙事主题中反复出现的模式会通过提供秩序和首要目标来指导个体的行动。

在生涯建构中，主题代表了一个动态的视角，对过去回忆、当前体验和未来渴望赋予个人意义。个体从入学直到退休的过程中所遇到的关于职业任务、职业变动和工作创伤的一系列自我界定的故事，揭示了个体生涯的重要意义及其建构的动力学。简单地说，生涯建构理论就是主张个体通过对职业行为赋予意义来建构他们的生涯。这一意义蕴含于内隐的主题，穿插于外显的情节，组成了个体关于职业认同的宏观叙事。

前文说过，在建构叙事同一性时，个体解决了他们跨越时间的一致性（sameness）问题。通过一个明确表达生命目标的主题，个体表现出这种连续性。宏观叙事中的主题描绘了一个人如何与其自我一致，而在微观叙事中自我是多样性的。即使每一件事在表面上各不相同，但其主题仍然保持着一致。生涯建构理论关注主题的统一，因为它的动机和意图是对工作生活加以模式化。这类似于维也纳古典乐中的乐旨发展，是主题成就了一首生命之歌。从"命运在敲门"这个简短的主题开始，贝多芬产生了第五交响乐的全部乐章。当人们倾听这首交响乐时，无意识地跟随其主题的发展，穿越四个长长的乐章。但是，听众听到的交响乐是一个协调、天然的整体。

认识到叙事同一性中的主题，使个体能够看到自我是一个统一、必然的整体，这为他们看待自我和对他人解释自我提供了一种重要的方式。

就像在交响乐中一样，生命中也有多元的主题线索，它们彼此促进并发展为一个模式，这是生命交响乐的重要特征。在多元主题的情况下，"统一的自我"在本体论上将这些主题联结起来形成一个单一的目标。这种简化的，具有自我保护意识的内在统一的幻觉会促进个体情绪上的安全感（Bromberg, 2006）。所以，在咨询中，咨询师通常聚焦于单一、明显的生涯主题，相信这个主题能够解释来访者的职业情节，并能够对决策制定和问题解决进行优化。此外，如果咨询扩展到讨论亲密关系模式或其他生活领域，则可能需要特定的主题。简而言之，对来访者的工作经历加以情节化，通常需要一个生涯主题或贯穿之线来聚集许多场景和情节，但是必要之时，咨询师也可以把多元的主题编成一个层次更多、更复杂的整体。

当依赖于一个单一主题时，并不是每一个小故事都得紧随着主线；一些微观叙事也可能讲述在宏观故事之内的特例和复杂情形。关于同一性的众多故事会寻求一定的一致性和连续性来维持一个清晰、统一的故事。但是有些人的生活极为复杂，某些来访者的主题就比其他人更为复杂，某些个体有着许多不同的情节。所以，一个复杂的同一性叙事可能代表了相互补充、迷惑、冲突、混乱或矛盾的多元主题。正如沃尔特·惠特曼（Walt Whitman, 1855/2008）在《自我之歌》（*Song of Myself*）中写道的：

我自相矛盾吗？

好吧，我就是自相矛盾。

（我辽阔博大，我包罗万象。）（Stanza 51，Lines 6-8）

　　自传推理试图从矛盾的观点、困惑的行为和相异的主题中创造出某种统一而非一致。这种统一必须以一种颇为复杂的方式来完成——整合它们的多样性而不使之同质化。相对于交响乐的比喻，这些复杂的个体更适合被比作爵士乐，因为爵士乐是从许多不同的角度即兴创作出主题。通过揭示表面之下的形状和突出不协调故事中的和谐，它成为一个完美的整体。

　　主题（不论是清晰的还是复杂的），把个体的担忧带入工作环境，并深深影响其界定自我和表达同一性。这使得工作、某些事情的外在形式具有强烈的个人意义。在生涯建构理论中，主题是生命故事中至关重要的东西。它由一个人生命中极为重要的事件所组成。它对个体和他人来说都非常重要。一方面，主题关乎个体，对他或她的工作赋予了意义和目的。它使个体关注自己所做的事情。另一方面，个体所做的事情和对社会的贡献会影响到他人。他或她对别人是重要的，这一信念加速了个体的认同并促进了社会归属感。最重要的是，它形成了个体用来评价其经验的价值观。价值观指出了个体基本的关注点，使同一性的叙事成为一个伦理学和美学的工程，因为它们把个体与更广阔的现实或更大的故事联结起来。高级的意义模式可以表达为普遍的价值观，如力量、知识、美丽、平等、服务、关系和公正等主题。高级的意义模式并不是故事中的道德准则；而是职业情节中所追求的主题性目标。

### 客观生涯与主观生涯

一些作者认为主题就是情节。我不这么认为。我认为情节和主题是叙事同一性的两个视角。叙事同一性包括：关于生命历程的具体情节和抽象主题。生命历程象征了一个强调所有成长、学习和自我探索的过程。外显的情节关注外在历程（outer journey），它讲述戏剧性的事件、紧急关头、生死攸关的时刻以及针对特定目标的协调行动。情节讲述了对每一个特定目标的追求，并详尽阐述了处于社会背景中的自我。相比而言，内隐的主题关注内在历程（inner journey），它讲述的是一个由相关的需要和渴望产生的核心冲突而形成的情绪激荡的旅程。这个潜藏和内隐的主题为宏观叙事的情节增加了意义与目的。尽管它讲述的是情绪的变化，但它比情节更加永恒和抽象。

生涯建构理论把生涯看作一个故事或是个体所从事的一系列职位。职业情节规划（occupational plot）把个体从事过的职位聚集起来，作为客观生涯里的情节片断（episodes），这个客观生涯是可公开查看和记录在案的。个人化的主题提供的则是一个一致和连续的主观生涯，是一种私人的经验。尽管情节和主题都可能被看作生涯，但前者是客观的，后者是主观的；生涯建构理论把客观的生涯称作职业情节，把主观的生涯称作生涯主题。客观的结果（如成功或失败）属于职业情节，而主观的结果（如满意或挫折）则属于生涯主题。总之，一个故事描述发生了什么，情节告诉我们它为何发生，而主题则解释了它发生的意义。

### 人物弧线

生涯主题里有一条人物弧线[1]或支配性的叙事线。弧线（arc）是支配性主线的集中体现。它并不是说主题线必须有一个确定的形式，如亟待解决的加剧的紧张气氛。这个"弧线"也可能是一条直线，展示重复出现的尚未解决的主题。重要的是，人物弧线贯穿整个宏观叙事，讲述个体主要的动机状态及其展开时的主要动力。人物弧线描绘了个体在一些重要问题上的起点、现状以及预想的结局。人物弧线开始于一个推动个体的驱力。它往往与个体生命中错过的一些事情，与个体需要或渴望的一些事情相关。为了克服这种限制或脆弱，个体寻求那些可以满足此类需要的目标。他们尝试修订同一性叙事刚开始时存在的缺陷。随着个体从内部的阴暗走向外部的光明，他们便与恐惧、限制、阻碍或创伤开始斗争。在这个过程中，随着个体变得比以前更加强大，他们学会了如何去征服危险、超越缺陷。

随着个体的成长、发展和学习，从需要到目标的进展改变了他们。举例来说，个体的恐惧转化成了勇气，孤单也被人际关系所替代。奥普拉·温弗瑞[2]说，"我从一个感到没有人爱、孤单的黑

---

[1] character arc，在电影编剧中指人物性格随着剧情发展而变化。——译者注
[2] 童年遭受过许多的不幸和苦难，但后来她成为美国著名脱口秀节目主持人，被称为"美国最便捷、最诚实的心理医生"。——译者注

人小孩长大了——儿童时感受最多的情绪就是孤独——对成年的我来说，现在情况完全不一样"（引自 McAdams，2008，p. 23）。然而，孤独并不一定要在人际关系中被解决（resolve），它只是需要被解开（solved）。雅典电影导演约翰·华生（2006）说，他从感觉孤独（lonely）变成了学会独处（alone）。这种从需要到目标的转换，也解释了一句格言——你最大的弱点也就是你最大的优点。这一转换代表了一个人物的核心，即定义一个人并说明情节驱力的人物弧线。

在倾听来访者的许多小故事时，咨询师一定要设法集中注意力。否则，他们无法把这些小故事集合起来重构成一个带有人物弧线的主题。咨询师需要一个范式（paradigm）来系统地倾听来访者并对其微观叙事赋予意义。就像奏鸣曲的形式能够把音乐组织到一起，生涯建构咨询师也需要一种模式来组织来访者的故事。文学理论提供了这种模式，使人认真思考微观叙事的某些元素。文学评论为理解故事所需的文本细读提供了许多不同的理论。布赖斯勒（Bressler，2006）说明了11种主要的文学批评理论，包括神话式的（荣格学派）、精神分析的（弗洛伊德学派）、结构化的（系统化理论）、后结构的（解构论）、马克思主义的（经济理论）、女性主义的（文化论）等。每种理论基于不同的预先期望和理解策略，让我们注意到每个故事中的不同元素。这些阅读策略形成了一个从叙事角度创造意义的参考框架。生涯建构咨询的阅读策略被称为叙事范式（narrative paradigm）。尽管叙事范式看起来非常有效，但是咨询师承认这个策略的视角也存在局限。

## 一种叙事范式

为了从生涯建构理论的视角直接处理来访者的故事，咨询师运用叙事范式来组织来访者的传记故事。叙事代表了故事，范式代表了模式或模型。所以，叙事范式指的是理解故事的一种模型；或是咨询师用于来访者微观叙事的一种模式，以确定其宏观叙事中的人物弧线。叙事范式实质上是一个整合的概念框架，可以对同一性的宏观叙事提供一种特定理解。

叙事范式在来访者的经验、期望和解释之间创造联系时依赖一条原则。加拿大哲学家查尔斯·泰勒（Charles Taylor，1992）将这一心理原则表述为："我们必然不可避免地以叙事的方式理解我们的生命，把生命当作一种追寻（quest）"（p. 520）。在这一追寻中，我们通过征服磨难来填补心中的空洞。磨难为我们不断追寻提供了一种动力。来访者对磨难的看法成为其生命戏剧中的重要组织原则。许多心理学理论都很自然地把生命看作是一种追寻。比如，阿德勒（Adler，1963）描绘了一个人从消极状态走向积极状态的"前进路线"或生命路线；维克多·弗兰克尔（Viktor Frankl，1963）写道，当个体把困境转化为成就，他们便从灾难走向胜利；

荣格派分析家相信个性化（individuation）包含了把痛苦转化为意义（Hollis，1993）。个体会在环境寻找自我形成和自我实现的方案，来解决他们成长中遇到的问题。他们从真实世界中收集材料和资源，用来发展自己和实现人生。除了阿德勒生命路线的概念之外，还有许多其他关于贯穿之线或生命主题的概念，它们在众多人格理论中扮演着重要角色，包括：奥尔波特（Allpot，1961）的自我统一体（proprium），伯恩（Berne，1972）的脚本（script），埃里克森（Erikson，1968）的自我认同，凯利（Kelly，1955）的核心角色，莱基（Lecky，1945）的自我一致（self-consistency），麦亚当（McAdam，2008）的救赎自我，默里的（Murray，1938）的统一主题（unity theme），赖希（Reich，1933）的性格（character）和萨特（Sartre，1943）的设计（project）。契克森米哈和贝蒂（Csikszentmihalyi & Beattie，1979）对人生的主题性发展中的人物弧线提供了最清晰的解释："生命主题由一个或一系列个体最急切希望解决的问题和个体用以解决问题的方法所组成"（p.48）。所以，生涯建构理论依赖于这一观念，即人们是围绕着困扰他们的问题以及解决问题的答案来规划他们人生的。

生命主题起源于童年早期，与未完成的情境和未完全形成的格式塔（gestalt）有关。从某种意义上说，主题传递了一个填充缺口或完成故事的渴望。它们用语言来描绘个体想要克服和超越的环境限制、破坏性事件和个人缺陷。作为一个易被激活的认知图式，个体用它来寻找环境中的潜在有利因素。生涯建构理论的典型例证就是，个体会寻求一份可以用来逐步实现其整体性的工作。人物弧线揭示了个体在逐步实现整体性的自我发展过程中所发生的转变。人物弧线关注的是个体最急切解决的问题、主题的核心以及执念（preoccupation）。正如布鲁斯·斯普林斯汀（Bruce Springstenn）在斯科特·佩里（Scott Pelley）的《60分钟》（*60 Minutes*）访谈上解释的（2007），"每一位优秀的作家或者电影制作人都有一些挥之不去的困扰。所以你的工作就是让听众对你的困扰感兴趣"。或者，像汉斯·克里斯蒂安·安徒生（Hans Christian Andersen）写给汉瑞特·科林（Henriette Collin）的信里说的，"我不得不制造一些使我受苦的事情"（引自Simon，2005）。或者，更像安徒生（1872/2008）最后一部故事《牙痛的姑妈》（*Auntie Toothache*）中陈述的，"每个伟大的诗人必有一个伟大的牙痛病"（第四部分，Stanza 27）。不论是困扰还是牙痛使个体产生了痛苦，减少这种痛苦都是其生命追求中的首要目标。正如美国心理学家威廉·詹姆斯在日记中写道，为了征服磨砺和苦难，人们必须"把它们上升为命运的某种伙伴，并且，既然苦难在我们心中，那么就与它相遇，根据自己的目标处理它而不是整日避之不及"（引自Barzun，1983，p.19)。

关于从消极到积极的发展路线，最有力的陈述出现在《失乐园》（*Paradise Lost*）中，弥尔顿（Milton，1940/1667）描述路西法在抵达地狱时，对伙伴们宣布道，"在历经沧桑之后，我们的苦难也可能变成我们的瑰宝"（p. 33）。在我看来，这种场景意味着，通过超越他们的磨砺和苦难，人们会超越自己抵达其对立面。正如前面说的：把恐惧变成勇气，孤独变成人际关系。个体最强大的能力来自于他或她解决问题的过程中。弗洛伊德（1953）理论的基本观点也传达了这种思想："本我（id）在哪里，自我就在哪里"（p.80），或者说，问题在哪里，我就必须在哪里成长。在受害者（victim）转变为胜利者（victor）的过程中，个体把压力转化为意向，执念（preoccupation）转化为职业（occupation），困扰转化为专业，消极转化为积极，弱势转为强势，柠檬变为柠檬汁[1]。人们通过主动征服他们被动承受的痛苦，把症状转化为力量。这解释了德摩斯梯尼如何从一个口吃的小男孩变成了希腊的演说家（Worthington，2011），也解释了在受他人欺负之后，骨瘦如柴虚弱的安吉洛·西利亚诺（Angelo Siciliano）如何成为了健美运动者查尔斯·阿特拉斯（Charles Atlas）[2]（McCarthy，2007）。

以征服为目标的重复构成了个体生命的主题。弗洛伊德（1948）曾解释过强迫性重复会形成人物弧线（p. 18）。这种强迫象征性地重复和反复体验着消极经历，表明个体努力想要消除或者征服过去不幸——把不幸转变为它的反面或者至少从中恢复过来，适应它或学会与之共处。正如彼得·潘（Peter Pan）在1953年的迪斯尼影片《小飞侠》的开头所说的，"所有的一切以前都发生过，并且还会再次发生"（Disney & Luske，1953）。弗洛伊德（1948）把征服成功的

---

[1] 英文谚语，柠檬要变为柠檬汁，意指不要浪费上帝赋予的才能。——译者注
[2] 安吉洛·西利亚诺在成为健美运动者后，改名叫查尔斯·阿特拉斯，以让世人重新认识他。——译者注

重复视为成长，而征服失败的重复视为神经症。每当问题再次出现，个体便能更有效地应对，因此增加了他们的稳定性和整合性。当然，没有征服的重复会变成心理疾病，正如阿尔伯特·爱因斯坦（Albert Einstein）对疯狂（insainty）的定义："一次又一次重复地做一件事，期望得到不一样的结果。"我们的人生与我们如何展开自己的故事密切相关——屡战屡败不得胜利，或是屡败屡战最终成功。

生涯咨询选择运用叙事范式，意味着咨询师在倾听来访者的故事时会听到一些转机，在这个过程中，来访者主动征服了他们曾被动承受的事件。倾听故事，了解来访者打算如何把压力转化为意向，能够使咨询师确认来访者的主题性人物弧线（它揭示了执念如何转变为职业）。生涯主题对个体来说具有重要的意义。单一的职业情节对生涯咨询来说是不够的，因为它只是描绘了一系列的相关情节，而缺少一个内在统一的主题。职业情节讲述的活动是没有个人意义的。它把自我描绘成主导者（agent）而不是创作者（author）。为了识别出生涯中的意义，咨询师在寻找主题时会使用诠释学方法（hermeneutic practice）——这种方法依据彼时彼地来了解此时此地。要了解某个部分，一个重要的方式就是识别出它是哪些事物的一部分。因此，通过职业情节与生涯主题的相互影响（将某个情节片段与一个综合主题联系起来，然后再回到那个特定的片段或者继续下一片段），咨询师识别出个体生涯的意义。在生涯建构理论中，这个从具体到抽象再到具体的过程，会逐渐达到情节和主题的平衡。当主题通过其全局参与对情节赋予了更深的意义，一种统一感便结晶而成。最终，在情节中重复出现的隐约主题会变得更加外显。

在这种意义生成的诠释学方法中，咨询师绝不会对来访者的职业情节施加一个现成的主题，比如霍兰德（1977）提供的类型学（如现实型、研究型、艺术型、社会型、企业型和常规型）。尽管实证主义的咨询师会上升到抽象内容（如类型和特质），但是建构主义的咨询师会沉浸到来访者的故事细节中。通过情景与主题之间的辩证关系，咨询师辨认出具有高级意义的主题模式，而且主题根据情节中的事实创作出了一个叙事真实。因此，指导、调节和维持职业行为的主观生涯主题，来自于一个主动创造真实的过程而非业已存在的事实。咨询师想要听到今天的故事，不是挖掘埋藏的记忆。叙事这个词意味着从当前的视角来解释先前的经验，而不是客观报告过去的事件。因为主题会不断重组（re-members）——重新解释和重新建构——过去以满足下一情节的需要，所以叙事真实可能不是关于固定事件的准确报告。主题的作用是保证个体稳定地从过去穿越到现在并进入未来。因此，自传推理会运用主题根据当前的意义和效度来选择、组织和呈现同一性叙事。主题为解释经验和重组事件以形成个人意义和叙事真实提供了结构和框架。叙事的真实性依赖于它为个体的未来经验定位时的有效性。从实用主义的角度来看，叙事真实绘制了一条穿越现实、适合个体追求目标的道路。最终，如果叙事真实的结果是真实的，那么它就是真实的。

通过对过去的主题式分析识别出叙事真实，为解决来访者带入咨询的职业情节规划问题拉开了序幕。在某些情况下，个体的职业情节与生涯主题发生错位，所以他们需要某种方式将它们重新黏合，即为迷惑、冲突和混乱加上一定的秩序。生涯咨询干预涉及了重新平衡职业情节与生涯主题。对情节问题赋予主题的连续性，达成了一个新的平衡，这个关于叙事真实的平衡打开了个体先前并不觉知或不可能的路径。更具整合性的平衡有助于来访者更加有意识地度过他们的人生。在下一章的叙事干预中，我们将讨论咨询师如何运用叙事真实帮助来访者加深情节规划中的自我理解，并加强来访者在塑造下一场景（scenario）时的意向。叙事咨询的干预将在下一章呈现给大家。

3 叙事咨询

CHAPTER THREE

职业结构的调整和劳动力的流动，使当今的工作者可能感到分裂和困惑。当从一个任务转移到下一个任务，他们必须放下所完成的事情，但不能放弃他们的自我（他们是谁）。如果他们让一切都随之而去，那么这种丧失也许会压垮他们。通过一种生命故事的形式（提供意义和连续性）来把握住自我，他们才能够勇往直前，提升生命目的和实现重要目标。就如医生诗人威廉·卡洛斯·威廉姆斯（William Carlos Williams）所解释的："他们的故事、你们的故事、我的故事——都是生命旅程中始终伴随着我们的东西（引自Coles，1989，p.30）。故事使我们已习得的人生经验得以沉淀，通过创造连接未来计划和过去成就的场景，这些经验指引我们穿越迷雾。

生涯建构咨询从业者运用叙事心理学（Crossley，2000）帮助来访者展开他们的故事，以便这些故事最终能够拥抱他们并消除他们的不安。当个体面临与职位、项目和场所有关的迷失时，他们对同一性和主观生涯的叙事建构为个体提供了意义和方向。生涯主题创造了一个维持意义、容纳焦虑的支持性环境，并为个体进一步探索提供了空间。只有生涯主题对人们提供了支持，他们才能处理好发展性任务、管理职业变动以及减轻职业创伤。

生命故事让个体可以根据来自过去的舒适性应对转变带来的不确定性。它使来访者能够领会或至少理解，混乱和无序是改变和进入下一环节的必要前提。故事帮助个体适应新的事件，并把这些经验纳入其意义系统。这让个体可以理解他们的经验，然后选择如何继续前进。关于自我的好故事会鼓励来访者在做出生涯改变的同时坚持自我，后者甚至是更重要和必要的。因此，大多数咨询师会鼓励来访者叙述他们的故事。

建构主义的心理咨询（constructionist counseling）是一种通过叙事来共同建构生涯的关系。故事作为建构的工具，在复杂的社会互动中建构同一性叙事并突出生涯主题。随着来访者讲述自己的故事，他们感到故事变得越来越真实。他们讲述越多的故事，他们就变得越真实。他们更多地观察"客体我"（me），他们就发展出更好的自我概念。故事讲述呈现出来访者对自己的认识。许多来访者在讲述自己的故事时，时哭时笑，这是因为他们在与咨询师的互动中听到了自己的生命主题。咨询师要帮助来访者理解他们讲述故事的内涵，这一点至关重要。这意味着将生涯主题与首次面谈中提出的问题联系起来了。使用来访者的最生动的比喻和他们重复的词语，对咨询师来说也是可取的做法。同时，咨询师还要帮助来访者丰富和细化他们的语言，从他们的经验中创造出意义。生涯咨询可以为来访者提供关于人格类型和职业名称（比如 Holland，1997）的逻辑语言，还可以提供生动的文化叙事语言和象征化的诗语言。咨询师帮助来访者丰富他们关于自我的词汇，这增强了他们讲述自己经历、理解自己是谁和表达自己寻求什么的能力。对自我的叙事增强了个体自身的理解性、一致性和连续性。

## 理 解 性

通过鼓励来访者说出他们的想法、叙述他们的经历，咨询师帮助来访者理解他们的心理状态。从这个意义上讲，自我建构是通过自我表达来完成的，尤其是在故事容器中的自我表达。在充满信息的对话中，叙述一个人的自我履历会增加故事的可理解性。在咨询刚开始时，有些来访者完全是自己生命中的陌生人。有些来访者对自己的生命也只是匆匆瞥见。甚至有些来访者有敏锐的自我认识，可以讲述关于自己的故事，但他们对其并不是十分理解。讲述故事可以让人们觉察到那些本来就存在的但可能模糊不清的意识。当来访者讲述他们所知道的事情，他们会发现自己并不了解它，也不像他们所想的那样。这种觉察促使他们更多地去了解自己。人们通过清楚地表达生活从而理解生活。他们在故事中理解自己的生命。随着来访者清楚地表达自己，叙事帮助他们创造自己的真实。他们不是发现意义和目的；相反，他们是创造意义，减少经验与解释之间的缝隙。在讲述故事时，来访者与自己的生命经验得到亲密接触。而且，讲述故事把客观事实转换为主观真实，并使其意义对于咨询师和来访者都变得明显。通过理解什么在推动他们，什么在建构他们的生命，什么在影响他们的思想，个体成为更完整的存在。

为了增加可理解性，来访者需要使他们的故事更加清晰、更加有说服力。随着来访者让内隐的意义更加外显，故事会变得更容易理解，增加细节会使故事更有说服力。特定的细节可以使故事更具可理解性，并使讲述者对之更加确定。好的倾听者会通过问问题来澄清一些关键点，以提升来访者故事的可理解性。有时候，倾听者可能会要求一些实例、解释和证据，用来核对和证实故事。除了增加故事的可理解性之外，叙述一个人的生命故事还为其赋予了更多的实质。人们对自己的生命故事讲得越多，故事就会变得越真实，然后他们也会变得越真实。

## 一　致　性

　　叙事能够将生涯背景中不同版本的自我清楚地表达出来。当来访者开始对咨询师讲述他们的生命，故事是杂乱无章的。来访者可能按照时间顺序来讲述故事，这些故事可能是自相矛盾和前后不一的。尽管每个微观叙事是可理解的，但是两个或更多小故事在一起可能是冲突而非一致的。当遇到这种情况时，缺乏经验的咨询师可能会变得困惑和不确定。相反，富有经验的咨询师则会变得激动，因为他们发现了一个进入更深层意义的入口。自相矛盾的故事都是"真实的"并且共存于来访者的身上，因此，决定如何把它们组织在一起，将会影响理解和咨询的重要进展。通过连续的叙事，这些故事变得越来越紧凑，从而促进了来访者的自我一致性（Lecky，1945），也加强了其完整性。当这些故事都连接起来，一致性便形成了。为了帮助来访者把故事组合到一起，咨询师运用连接和重复的方法。在适当的时候，来访者一系列的自我会以统一同一性叙事的方式获得一致性。叙事的一致性在多样性中提供了统一，而多样性则使故事更加动听。宏观叙事的结构加上一致整合的微观故事，使个体在应对破坏性事件时能够维持强烈的意义。

然而，对于少数来访者来说，要做的可能是降低一致性。有时候，来访者在咨询时带着过于一致的受限的同一性，他们把自己看作某个帮派、某项事业或某种思想的信徒。然而，这些简单的同一性可能只证实了一种观念，这种观念只提供了一个局部和暂时的定位。为了描绘出更具对话性的同一性画像，咨询师通过在不同背景和角色中叙述自我来增加来访者故事的复杂性。意义存在于一些使用情境的内部，而不是对应于一些固定的事实或外在的现实。所以，在不同的背景或时期内发展故事，会引出显著的问题并强调同一性的不同维度。

## 连 续 性

虽然一致性提供了更强的意义维护，但连续性会提供更长久的意义维护。一致性增加了统一感，而连续性增加了稳定感。通过揭露秘密、辨认主题和复述个人神话的叙事，来访者创造了他们生命故事的连续性。在个体讲述他们的故事时，主题开始出现，其生命也开始变得更易理解。一个又一个故事，来访者增强了更大的叙事

（即同一性的宏观叙事）中的意义之线。渐渐地，随着来访者识别出反复出现的主题，他们开始理解和巩固叙事的线索；并在适当的时候，辨认出故事进展中的潜在逻辑。当他们讨论到个人秘密时，这个进程会得到加深。心理咨询提供了一个安全的场所，使来访者过去的秘密浮出水面，被遗忘的历史从暗处显露。这些秘密往往是可以把分离的故事整合、创造出统一整体的胶合剂。讨论秘密还会导致对个人神话（来访者对自己反复讲述的，以理解其外部世界和更新目标）的检验。

## 生涯建构的叙事咨询

叙事咨询的执业者认为加强来访者的理解性、一致性和连续性具有重要价值。事实上，这些叙事元素使得生涯咨询中的微观过程更加结构化。咨询涉及的是一种关系性和对话性的相遇，在这个过程中，来访者通过故事讲述获得知识与成长。当人们前来寻求生涯咨询，他们就有一个故事要讲。他们带着旧的故事进入咨询，希望与咨询师一起创作出一个新故事。对话不仅帮助来访者评估他们喜欢什么，还帮助他们了解自己是谁。通过让来访者在深入、渐进和叙事的方式中研究他们的生命，这一目的得以实现。生涯咨询不仅让来访者的故事有机会表达出来，它还被赋予了意义来打开可能性并重启停滞的主动性。它寻求一个变革的效果——促使一个更加完善和统一的个体出现。当故事讲述被当作一个变革过程，生命中重要的元素就得到了提炼，进而被感受、探索和整合。

建构主义的生涯咨询强调重要性（mattering），而不是一致性（congruence），通过把人们的故事与一些高级意义的模式（如秩序、公正、平等和审美）联系起来，重要性为他们的生命赋予了意义和实质。除了对过去经验的意义和重要性进行解释之外，生涯咨询还通过提升意向与行动，为来访者与即将来临的世界制造连接，帮助人们实践他们的目标会以新思想（刺激直觉和揭示意向）来展现他们的想象力。预演目标会促进一种表达性的自由，设计出一个恢复个体活力的生命计划。它总是会考虑到他们可以做什么工作以及他们愿意做什么工作。尽管重要性会使来访者的经验超前，但行动使来访者引导自己的生活。生涯咨询增加了人们在自己生命中的权威性。尽管生涯咨询是简短的治疗，有时是一次面谈，但是，在来访者维护自己以及对团体作贡献时，它协助了来访者更充分地寓居于他们的生命并变得更加完全。

生涯建构咨询师通常遵循一个标准的对话和商议程序——如果它适合来访者的需要。类似于一曲三幕剧，生涯咨询也有三个部分。这三个部分可以放在一次面谈中，也可以分配成三次独立的面谈。一曲三幕剧中，第一幕是介绍人物。在生涯建构咨询中，第一幕是生涯故事访谈（见附录），在这一幕里，来访者向咨询师介绍他们自己并重新认识自己。在戏剧中，第二幕是呈现关键的冲突并对关键时刻产生深刻的理解。在生涯建构咨询中，第二幕涉及呈现和讨

论来访者的生命画像（life portrait）。当把这个画像与来访者前来
咨询的原因比较时，新的理解就会出现。戏剧中的第三幕展现了新
的理解所促发的改变。在生涯建构中，这一幕即是咨询部分，通过
修正来访者的同一性叙事和重新定向他们的生涯来解决其带入咨询
中的困扰。正如维特根斯坦（Wittgenstein，1953，格言109）所说的，
"问题并不是通过提供新信息来解决的，而是通过重新安排我们早
已知道的事情"。简而言之，第一幕，来访者通过短故事建构他们
的生涯；第二幕，咨询师把短故事重新建构进入大故事；第三幕，
来访者和咨询师共同建构一个修正过的同一性叙事、新的意向以及
可能的行动。

## 咨询模型

与其他的咨询形式相似，生涯建构咨询有两个主要维度：关系
维度和沟通维度。

### 关系维度

来访者与咨询师之间的关系应该包括：约定、互动与鼓励。

#### 约定

当来访者被其需求推动进入咨询时，约定（engagement）便开
始了。之前适应带来的紧急结果，使来访者在生命空间和职业情节

中发生错位。这种不平衡推动他们向咨询师寻求帮助。首先，咨询师必须与来访者形成一种伙伴关系、一个工作联盟（Masdonati，Massoudi & Rossier，2009）。通过在咨询室中接纳和欢迎来访者，咨询师开始创造这种联结。为了这样做，咨询师需要注意来访者的细微世界和动作语言，并且在情绪上与这些信息产生适当共鸣。在叙事方法中，咨询师对来访者的生涯故事充满好奇，并因此培养双方的关系。

### 互动

随着咨询师引出来访者的故事并提供新的视角，他们的互动（interaction）促进了工作联盟的形成。引发故事、探索它们的意义、唤起伴随的情感，是叙事咨询的基本元素。咨询师的工作是关注、倾听和确认故事的有效性和真实性。咨询师要做的是欣赏故事，而不是控制他们之间的互动。全神贯注于来访者的故事，有助于来访者得到放松。所以，咨询师必须沉浸到故事中，在来访者叙述他们的想法和感觉的时候陪伴着他们，通过倾听来访者的话语并充满兴趣地回应，与来访者的故事建立联结。同时咨询师要带着敬畏和质疑的精神，鼓励来访者详细阐述故事。使来访者的情绪变得平稳并感受其表达的丰富性。除了关注来访者的情感之外，咨询师也必须关注自己在情绪上如何回应来访者的故事。

在倾听一些故事之后，咨询师通过强调主题性模式和加工主导性情感，帮助来访者开始塑造他们的宏观叙事。为了这样做，咨询师需要参与到高度回应性的对话中，在这个对话中，鼓励来访者考虑他们的故事含义与当前困境的联系。除了引出来访者的故事之外，他们还运用不同的言语策略来检验故事的意义。举个例子，有时候，他们可能运用模糊性来拓宽对话和延展意义；有时候，他们则可能运用重复性来限制对话和收缩意义。

　　来访者没有说出的内容可能也是非常重要的。有时候，生命故事中的重要部分并不是呼之即来。有时候，来访者是"故事在心口难开"或者还没有准备好讲出来。如果咨询师感觉到有些东西漏掉了，他们可以寻找这些缺失的材料，通常的做法是在共情的基础上表达出自己内心的疑惑。在这些情况下，咨询师必须足够敏感，在来访者准备好的时候才可以开始谈论。无论什么时候，咨询师都应该避免情感冷漠式的审问。咨询师是目击者而不是侦查者。在这点上，我很赞同超级侦探夏洛克·福尔摩斯这个比喻。来访者就像是福尔摩斯，是一位睿智的侦探。而咨询师就像华生博士，是一位值得信任的知己，通过不断地问福尔摩斯"你是怎么想出来的""那意味着什么"来揭示来访者的内心想法。

### 鼓励

　　对来访者的故事和处境有所了解之后，咨询师会在共情回应外增加一些鼓励性的话语。随着重申和强调来访者陈述中的情感和意义，并积极地倾听来访者的观点，咨询师共情式的回应促进了来访者更深的自我探索。相比而言，鼓励（encouragement）是从咨询师的角度出发的回应。当咨询师从自己的位置说话时，他们的目的是帮助来访者考虑其他的视角和可能性。作为另一个视角，咨询师的好处是提供了他者性（otherness），这要求来访者以某种方式扩展自己及其故事。这种扩展可能需要经历渐进的失衡和新平衡，从而走向改变并作出选择。咨询师必须循序渐进地组织去实现那些承诺，积累来访者的能量和信心。这个组织支持了目标性行动，推动来访者从当前的经验情境走向期待的情境（Tiedeman & Field，1962）。为了使来访者在咨询和现实中都能积极行动，咨询师会鼓励来访者把精力聚焦于必要的目标性行动。来访者期待的行动是充满意义的行为。行动本身就代表了咨询和叙事的重要结果。尽管言语是叙事治疗的中心，但是只有言语是不够的。言语对于来访者的理解和选择起到极大的作用；但是，真实的选择和改变要求来访者能够在现实世界中实践他们修正后的同一性之新意义。

### 沟通维度

生涯建构咨询的内容维度由故事及其意义构成。因此，咨询会以一个生涯故事访谈开始，对来访者提出问题以便他们能够倾听自己的生命故事，并且及时地理解故事中的自己。作为引发故事的一种工具，这个结构性访谈旨在帮助来访者提出更好的关于他们的问题。这些问题提供了一幅对话的地图，指导咨询师如何邀请来访者表达他们的经历。通过详细阐述自我定义（self-defining）的经验，这个访谈促使来访者展开他们的生命。这些问题引发出的故事，正是来访者在重新加工的叙事，为他们的生命提供更深和更新的意义。这些自我定义的故事描述了对来访者而言重要的事件。这些故事揭示了来访者认为将使其更加完整的生命目标，并揭示了完成那些目标所需要的问题解决策略。除了揭示生命主题之外，生涯故事访谈中讲述的故事还显示了来访者自我建构的类型和生涯适应所需的全部技能（Savickas，2005）。

### 结　构

生涯建构咨询中的生涯故事访谈提供了一种过程指向而非内容指向的结构性方法（Neimeyer，2004a）。不过，因为来访者讲述的内容经过挑选，这个框架对内容确实也有影响。通过组织来访者自我叙事的过程，咨询师利用这一框架进入来访者的个人生活。这种策略为来访者经验的自我探索和个人发现呈现了结构性的机会，它主要是用来帮助来访者聚焦他们的探索。为了满足每一位来访者的需要，咨询师必须灵活决定采用还是终止这个框架。这个策略绝不应该被简化为控制对话的处方。相反，它的作用是帮助咨询师控制自己的焦虑。因为生涯故事访谈问题既提供了对话的进展纲要，又提供了仔细倾听的框架，这些问题给咨询师带来一种安全感，让他们可以应对那些讲述不同故事的新来访者。

生涯建构的模式和访谈方法引导咨询师听从小说家尤多拉·韦尔蒂（Eudora Welty，1983）的建议——用心听（listen for）故事而不是用耳听（listen to）故事。用耳朵听故事意味着被动接受它。用心听故事意味着积极识别并塑造它。这种识别至少包括了用心听来访者的选择、关键概念和主题思想。在听取来访者的微观叙事时，生涯建构咨询师会用心听他们的职业情节规划、生涯主题和人物弧线。

在用心听更大的故事时，咨询师使用五个主要问题帮助自己在来访者叙述的无数生命传记细节和小故事中找到方向。这些问题为咨询师提供了舒尔茨（Schultz，2002）所谓的"生成心理传记假说"的方法。这五个问题为咨询师提供了一些需要处理的具体内容——重要的记忆、自我决定的时刻和核心的场景。这些问题使来访者的叙述聚焦于一些小故事，而咨询师用这些小故事帮助来访者创作一个用来理解同一性和适应性的大故事。

### 对话

生涯建构咨询师同意亨利·詹姆斯（Henry James，1908）的观点，"故事的讲述者，同样是它主要的倾听者，还是它的阅读者"（p.viii）。来访者对自己同一性叙事的理解来自于对话而非洞察。通过对访谈问题的回应，来访者能够连续地听到自己的故事。沟通性的交流，加上丰富的对话和仔细倾听，使来访者对自己的生命提出问题。当来访者讲述他们的故事时，咨询师鼓励他们详细阐述自己的感情、信念和目标。这些问题指导来访者思考他们的经验对自我和同一性意味着什么。咨询师所反映的故事情节，表达了来访者历经岁月的变化和一致。这些反映和重述强调了来访者的生命逻辑并促进了意义生成。

当然，咨询师不只是回应来访者的想法和故事，他们还处理来访者的情感体验并共情地回应其当下感受。当来访者准备进入新故事时，咨询师帮助他们改变对它们的感受。咨询师特别注意那些可能要结束的故事，如果需要的话，他们会帮助来访者表达丧失之痛。简而言之，咨询师运用这些谈话策略来扩展职业情节和澄清生涯主题，从而增加来访者同一性叙事的理解性、一致性和连续性。他们旨在使来访者进一步充实自我、重组认同和增加自我指引。最终，咨询师鼓励来访者更完整地栖居于自己的生命，更完全地成为自己想成为的那个人。用西班牙诗人安东尼奥·马查多（Antonio Machado，2003，p.6）的话来说，他们必须认识到自己就是前方的那条路[1]：

> 旅行者，这世上本没有路，
>
> 你走过便留下自己的足迹。
>
> 当你走过，你有了自己的路，
>
> 而当你回望之时，
>
> 你发现了那条路。

以系统的方式倾听来访者微观叙事的意义，使咨询师能够识别出组织来访者同一性叙事的统一主题。在听到来访者对五个问题的回应时，咨询师需要用心听取来访者组织生命的叙事逻辑之线。当倾听个体的生涯故事来辨别和理解生命主题时，咨询师可能很容易迷失在大量的生活细节中。在试图了解使来访者生命完整的主题时，为了防止被来访者的复杂性和矛盾性困扰，咨询师需要的不是倾听事实本身，而是倾听把事实联结在一起的胶合剂。

---

[1]摘自马查多著，伯格（M. Berg）和马诺尼（D. Maloney）译，2003年，《世上本没有路：证明人安东尼奥·马查多》"第29首"（p.6），纽约，水牛城：怀特出版社，2003年版。重印得到许可。

### 反映

小故事中报告的行为和事件看起来是随机的，却可以通过很多方式被填进职业情节和生涯主题。生涯建构理论提出这一目标，即咨询师需要筛选出来访者故事的精华。咨询师和研究者依据的假设是，生涯建构主题的原型涉及把个人的执念（preoccupation）转化为公开职业。当来访者叙述他们的故事时，咨询师全神贯注地确认和理解来访者把需要转化为目标、压力转化为动机、困扰转化为职业的个人范式。因此，20世纪把生涯看作攀爬职业阶梯的发展叙事（progress narrative），现已经转变为利用工作主动征服曾经被动承受的发展叙事。在收集了许多微观叙事之后，咨询师可以把它们放进一个含有人物弧线假设的发展叙事。这个程序使咨询师能够根据来访者的故事创造出具有一致性和连续性的同一性叙事。最终，咨询师和来访者在一个反复、诠释的过程中验证这些假设，以对来访者寻求咨询的原因达成共识。

对可信任者反映和重述他们的故事，可以鼓励来访者了解他们如何能够利用职业使自己变得更加完整并充分地投入职业角色，而这对于他们自身和所在群体都非常重要。而且，咨询师还会帮助来访者提高他们故事的可叙述性，将其生涯主题与必须执行的决定和选择联系起来。这些艰难的选择使来访者看清自己的人生。在探讨来访者面临的可供选择以及各种选择可以如何推动故事时，咨询师应该以这样的风格来重述故事——考虑来访者的重要事件，帮助来访者增加生涯适应性，并确认可以用来续写来访者故事的职业。当咨询师为重述做好准备时，这些回应在可知的大故事周围建立了由已知小故事构成的脚手架。这个脚手架组成了可以进行反思和自传推理的意义空间。在同一性叙事稳定独立之后，来访者宏观叙事周围搭建的小故事脚手架就可以移开了。

## 来访者的目标

在任何咨询关系中，咨询师都必须帮助来访者找到一种方法去处理他们觉得必须要做的事情。所以一开始，咨询师会要求来访者说清楚，他们想要从咨询中寻求什么。咨询师可能会询问来访者："在你建构自己的生涯时，我能够帮到你什么？"这个目的明确的开放性问题会促使来访者讲出一些重要的信息，而不只是人口统计学上的细节和历史事实。个体对这个开放性问题的回应，使咨询师能够观察到来访者自我呈现的方式、情绪基调和人际关系风格。在接待过许多的来访者之后，咨询师会成为标记来访者独特性的专家。即使这些来访者带着相似的困扰和自我建构策略，但他们陈述咨询目标时的重点、表达和情绪都会有所不同。

在使用这个开放性问题时，通过促进来访者思考咨询目标，咨询师承担了开启咨询关系的责任；他们在这个关系中示范了一种相互性（mutuality）。有经验的咨询师不会对来访者强加目标。相反，他们通过开放性问题引出来访者的目标和期望。咨询师想要了解来访者带入咨询的问题及其如何看待这个问题。当然，他们也需要知道来访者想要如何解决这个问题。而且，咨询师还必须了解来访者想要从咨询中获取什么以及他或她想要以何种方式获取（Neimeyer，2004b）。如果来访者表达了他们想要的治疗方法，比如"我想要做一份兴趣问卷"，那么咨询师要进一步探测来访者想通过这个问卷完成什么。咨询师并不想让来访者来规定治疗方法，他们想要知道来访者的问题和目标。

在面对咨询开始时大量的背景信息，咨询师的表现各不相同。有些咨询师几乎不问过去，他们认为最需要了解的是此刻在发生什么。有些咨询师则会不停地询问来访者的过去，认为这些信息非常有助于理解当下发生的事情。大多数咨询师更喜欢让过去在来访者讲述生涯故事时随机呈现。所以，他们往往会问一两个关于问题的背景故事而获得一些信息。

在适当了解背景故事之后，咨询师必须聚焦于来访者对开放性问题的回应。尽管这个回应可能非常简洁，但来访者的寥寥数语中可能会包含着大量的信息。来访者所知道的比他们（在咨询开始时）能说出的要多得多。他们对开放性问题的回应可能讲述了一个与自己有关但尚未理解的故事。对很多来访者来说，他们对生涯困扰已知晓的情况和可能的行动都隐藏在他们的开场回应中。而有些来访者从一开始就明确知道他们想要做什么，甚至如何去做。所以，咨询师需要仔细地考虑每一个新的来访者对于"咨询可以如何帮助他们"这个问题的回应。他们想要听到来访者是否内隐地陈述了一个藏于心中的解决方案。正如艾略特（T. S. Eliot，1963）在《四首四重奏》（*Four Quartets*）中写的，开始已经预示着结局。咨询过程的一部分就是让来访者阐述和叙述解决方案，然后他们会听到自己接下来想去做什么。

咨询师的工作是强调（amplity）来访者所说的话——帮助来访者从不同角度来聆听他们对生涯故事访谈问题的回答，然后，在共同建构同一性叙事时多次地重复。随着说出知道的故事，来访者也听到了自己对摆到咨询师面前的问题的回答。所以，来访者认为咨询会对他们如何起作用，经常是更大的故事得以产生的基础工作。来访者对开放性问题的回应，为面谈设置、后续对话如何进行做好了安排。来访者开场的陈述告诉咨询师将会发生什么故事。它引导咨询师去注意将要发生什么。在某种意义上说，来访者的回应是一个参考依据，预示了将要讲述的故事。咨询师要尽可能专心地倾听，了解故事的开始和发展。

下面有些例子可以说明这一点。最近，有一位来访者对开放性问题这样回应："我所做的这些选择是我应该做的选择吗？"当然，这个"应该"就预示了关键问题。她对自己所做的非常满意，但是她的母亲和姑妈坚持她"应该"做另外的事。在咨询结束时，她已经确定了她的承诺，著写自己的生命故事而不是饰演强势他者施加给她的情节。另一位来访者回应："我到现在为止在做着合适的工作吗？"这个"现在"暗示着重要的意义。结果表明，他是一个喜欢改变的人，大约每5年就会换一个职位，他开玩笑说模仿了苏联的 5 年计划。他对自己现在所做的非常满意，但他开始考虑下一步行动，因为他不想做任何事情超过 5 年。在咨询结束时，他表达了对目前职位的满意，然而同时，他也开始构想接下来两年的改变方向。

还有一位来访者回应："我正在做的事情会破坏我发展事业的潜能吗？"当然，他确实在损害自己的潜能，他也知道应该如何处理它。最后，有一位来访者回应道："我正在这个研究生课程中浪费我的时间吗？"她社会工作的学位课程进行到一半，她想去法学院学习。最后，她说她从来没有认真地思考过放弃研究生课程。咨询帮助她阐明了她生命中的目标是成为一位律师，为那些社会弱者（social silence）辩护。她达成了这样的观点：她不是在浪费自己的时间，而是她正在学习技能组合，可以使她在自己最终的生涯中，作为一名公民权利的辩护者。

## 设定目标

亚伯拉罕·林肯说过，"正确设置目标是成功的一半"（引自 Ziglar，1997，p. 37）。因此，咨询师应该先理解来访者想要通过咨询达成什么，然后再开始生涯故事访谈。咨询师向每一位来访者明确陈述双方达成一致的目标非常重要，这里有若干原因。首先，咨询师必须评估他们是否能够一起达成那个目标。如果这个目标是咨询师无法完成的，那么必须要进行协商或转介。举例来说，如果来访者说她想要在制作简历或找工作方面获得帮助，那么许多咨询师将把她转介给这方面的专家，由他们来提供生涯服务。咨询师不想在实施了生涯故事访谈之后，才知道他们无法提供来访者所寻求的服务。如果来访者寻求的是学业建议、职业指导或生涯咨询，那么咨询师可以继续这个访谈。当他们一起追求刚刚表达过的目标时，咨询师会向来访者解释将要采用的访谈结构。通过巧妙地阐述这个问题陈述，咨询师结束开始阶段并进入咨询阶段。这个陈述必须使来访者感到受欢迎和舒适，并能产生一个和谐的工作联盟——良好的开端是成功的一半。

　　生涯建构咨询师对于开放性问题的回应还有其他用途。当面谈或数次面谈结束之时，他们会重新陈述来访者对开放性问题的回应，然后询问来访者："我们完成了这个目标吗？"这个最后的问题回顾了来访者寻求咨询的原因，并确认咨询师已经完成了最初的契约。在结束咨询的时候，来访者应该相信咨询是成功和令人满意的。当然，关于咨询效果还有许多其他的指标，特别是来访者在咨询室之外的行动和行为变化。不过，咨询师最不应该忘记的是，来访者对已产生的效果是否满意。

### 处理情绪

　　在与来访者一起建立咨询目标时，咨询师也在通过引发情绪和提供抚慰建立工作联盟。生涯建构咨询师跟随来访者的情绪，这些情绪向来访者表明，有一些事情需要他们注意，并推动他们前来咨询。咨询师应该关注那些表达了因发展任务、职业变动或工作创伤而导致意义破裂的情绪。对情绪的关注促进了有效的咨询，并指导咨询师下一步怎么走。咨询师之所以跟随情绪，是因为它们显示了来访者成长的边缘。随着对这些情绪的觉察，来访者需要解决的问题也变得清晰。

为来访者的情绪混乱提供理解、接纳和支持时，咨询师建立了一个工作联盟并依此继续开展工作。情绪为咨询过程中的调整自我提供了一个支点。在意义识别和行动参与之前，来访者的情绪必须得到改变。在每一次面谈中，咨询师都要关注那些扰乱意义系统的情绪，通过整合理性与情感来重组。为了启动这个意义生成的过程，咨询师在建立工作联盟时要提供抚慰。

抚慰（comforting）是社会支持的一种形式，在咨询刚开始时，如果来访者需要，它给来访者提供情绪缓解。抚慰意味着鼓励来访者把问题正常化并重新给出一个说法（Miceli，Mancini & Menna，2009）。通过表达对来访者应对能力的信任，对他们解决问题能力的放心，咨询师给来访者提供了抚慰。咨询师还通过解释问题是可理解的，甚至可能是可预期的，使来访者的问题正常化。通常，咨询师会帮助来访者把自己的问题看作一时性的。这样做，咨询师并不是小看这个问题，只是表达这个问题是暂时的、能够解决的。在适当的时候，咨询师还会向来访者解释问题不是他们的错，而是因为某些生活环境或是到了一个新的生活阶段的缘故。不过，尽管这个问题不是来访者的错，来访者也必须有能力去处理它。如果来访者难于解决这个问题或表示有困难，那么这个责任就尤其重要。抚慰，还可以包括使用更缓和的词汇来重新阐释来访者所面临的问题来减小问题的严重性。在处理情绪、设置目标和提供抚慰之后，咨询师便准备开始生涯故事访谈。

生涯故事访谈

CHAPTER FOUR

生涯故事访谈由若干个刺激问题组成，这些问题历经了 30 年实践的发展。经过长期的不断摸索之后，我确定了其中最有用的几个问题。生涯建构咨询模式把这些问题及其顺序进行了理论化。因此，这个生涯故事访谈演示把实践上升到理论，而不是把理论付诸实践（Neimeyer，2004a）。

## 框 架

生涯故事访谈中关于每个问题的原理都提醒着咨询师，在来访者回应时应该倾听哪些内容。这些问题引发的回应并不是孤立的故事；相反，这些回应有着内在的联系，属于一个统一的框架。因此，咨询师尝试把这些回应放进一个总体的框架，就类似于把拼图碎片拼成一个完整的拼图。为了完成这个拼图，人们在组织碎片时会尝试辨认出一个模式。因此，咨询师也必须接受这样的挑战：不只是去完成一个拼图，而是要运用归纳逻辑法在来访者的回应中辨认出模式。辨认模式和描述主题需要一种基于常识的实践怀疑主义；记住，每一件事都可能是与众不同的。一旦理解了来访者职业情节中可能的模式和生涯主题，咨询师便可以通过确认故事中反复出现的情节来确认或驳斥这个模式。一部小说从其细节处得到确认，来访者的生涯主题也是如此。

老练的咨询师运用直觉和归纳来选择哪些故事或哪个故事片段

合乎这个框架，以及如何把这个模式呈现给来访者。运用测验分数的职业指导依靠分析思维和演绎逻辑；相比而言，运用故事的生涯咨询依靠直觉思维和归纳逻辑。在生涯咨询中有待解决的问题，充其量只有部分是明确的。而在高度结构化的职业指导中，其目标是非常清晰的。指导人员运用有关个体差异的信息和固定的过程，为相应的问题寻找客观的答案。他们实施测验和问卷，把来访者的能力和兴趣与参照标准和常态样本进行量化比较。与来访者之间的互动涉及围绕测验来解释他们的特质。职业指导依靠客观测量和分数来解释来访者与常规样本和标准群体的相似度；而生涯建构咨询师则依靠主观判断和故事来理解来访者的独特性。生涯咨询师用临床判断来评价来访者的生命主题和他们的追求目标。他们强调产生意义而不是产生匹配。生涯建构的咨询探索并阐释这种意义来澄清来访者的选择并增进其决策的能力。因为生涯咨询发生在较少结构化的背景中，所以它综合了咨询师的直觉和推理。

## 格　式

生涯故事访谈由 5 个主要的间询要素构成，每一个所选的要素都通往特定的主题故事。一个结构化的格式把 5 个刺激问题安置在一个框架内，有助于咨询师阐释来访者的生命故事并确认其生涯主题。这些主题顺畅地出现在对话中，并使来访者在向咨询师描述自己时积极地进行自我反省。这些刺激问题包括：（1）角色榜样；（2）最喜欢的杂志；（3）最喜爱的书；（4）最喜欢的座右铭；（5）早期回忆。

### 问题 1：角色榜样

在开放性问题之后，咨询师会最先询问来访者童年时敬佩谁，作为生涯故事访谈的开始。咨询师直接要求来访者用言语表达他们的自我概念很少奏效，所以，他们要求来访者通过展现榜样的特征来阐述他们的自我概念。当然，一开始来访者不会意识到他们是在界定自我。

为了确定来访者的角色榜样，咨询师会问："在你 6 岁左右的时候，你敬佩的人是谁？"如果来访者没有理解，咨询师可能会接着问他们，他们尊重谁，甚至想去效仿谁。对于那些无法列举出任何人的来访者，咨询师可能会建议，榜样不一定非得是某个著名人物或故事人物。这样经常可以让来访者列举出某一位亲戚、邻居或老师。在来访者列举出一位榜样之后，咨询师会要求来访者再列举另外两位榜样。当来访者举出三位角色榜样，咨询师需要依次考察每一位榜样，最先是要求来访者"向我描述一下这个人"。有时候这样问会太过直接，所以咨询师可能会这样对来访者说："跟我讲讲你当初敬佩的那些人，他们是什么样的？"当来访者描述出榜样的特征时，实际上他们就叙述了自己的自我概念，而且这是无意识的。一般来说，即使自我觉察程度很低的来访者也会发现，谈论他们体现在角色榜样身上的自我概念非常容易。如果来访者只是描述了榜样做过什么事情，那么咨询师会明确地要求来访者描述榜样的性格特征。如果来访者描述了榜样现在的行为，那么咨询师会要求来访者回忆他们年幼时是如何看待榜样的，第一次是什么吸引了他们将这些人作为榜样。在引出每一位角色榜样和来访者对榜样的敬佩之处后，咨询师会询问来访者关于每一位榜样的问题，"你与这个人（榜样）的相似点在哪里？你与这个人（榜样）的不同点又在哪里？"咨询师也可能会要求来访者说明这三位榜样的共同点是什么。

通过观察榜样身上让他们敬佩的特质之后，来访者会对自己看得更清楚。在报告他们的角色榜样时，来访者识别出他们的自我。他们向自己揭示了他们的自我。咨询师必须记住，为了强化这种认识，来访者对角色榜样的描述才是关键所在。咨询师必须仔细地倾听，特别是要听到来访者敬佩榜样的哪些特质。来访者正是把这些特质整合进了他或她自我建构的蓝图中。来访者敬佩的不是榜样其人，而是敬佩他们身上的品质。咨询师必须特别注意不要受到自己对榜样的概念的影响。如果来访者敬佩的是一位著名人物，这种情况极容易发生。我们来看一个关于超人（Superman）的例子。咨询师可能认为来访者敬佩超人的超能量、力量和坚不可摧的"钢铁之躯"。然而，民谣歌手里奇·海文斯（Richie Havens）2005 年在肯特舞台（Kent Stage）上演出时曾说，他年轻的时候非常敬佩超人，是因为超人为真理与正义而英勇战斗。

许多女性咨询师在小时候都十分敬佩神奇女侠（Wonder Woman）。神奇女侠由哈佛大学的一位心理学家所创造，她塑造了一位抛除了偏见、假正经和男尊女卑束缚的女性。威廉·摩尔顿·马斯顿（William Moulton Marston）把神奇女侠设计成一位通过营养与勤学苦练获得力量的独立女性（Joyce，2008）。她可以运用力量与爱来战胜邪恶。惠特曼学院的一位美国政治学教授，玛丽·汉娜（Mary Hanna，1994）曾说她敬佩神奇女侠是因为她"给我们上了重要的一课：任何一位女性都可以获得力量与本领，一位女性可以身处爱河但仍然保留自己的身份、家庭和朋友特别是闺蜜的友谊非常重要"（p.2-E）。尽管神奇女侠的人格和形象非常明朗，但是我们不能假定每个人所敬佩的都是她身上的这些特质。一位航空工程师曾经告诉我，在他还是小男孩的时候，他非常敬佩神奇女侠。当我问他主要敬佩她什么的时候，他回答说他想要她的隐形飞机。作为协助设计隐形轰炸机的小组成员之一，他实现了他的梦想，设计出了他的隐形飞机。

来访者对于角色榜样这个问题，最常见的答案是自己的母亲与父亲。咨询师会让那些把父母作为角色榜样的来访者描述父母，但是并不把父母算作三位角色榜样之一。他们想听听来访者谈论除父母之外的一些人，以保证这些角色榜样是经过选择的。父母可能会被来访者选为角色榜样，但是把他们看作指导者会更有用。

来访者有时会列举著名的动物作为榜样。许多小学生都说他们敬佩电视里的灵犬莱西（Lassie），因为莱西总是帮助孩子。一位心理学专业的学生非常敬佩大力鼠（Mighty Mouse），后来她成为一名危机干预咨询师，因此她也能够"转危为安"。一位临床心理学家因为他关于愤怒管理的论文最终获得博士学位。而他酗酒的父亲的脾气曾经吓到全家。这位心理学家为自己找到了一个解决途径——他非常敬佩公牛费迪南德（Ferdinand the Bull），这只牛更喜欢闻花的味道而不是去攻击斗牛士。一位医学专业的学生，当她还是小女孩的时候，她非常敬佩为弱者而战的猪小姐（Miss Piggy），后来她在市中心开了一家接待女性的诊所。

当来访者讨论他们的角色榜样时，咨询师应该考虑到榜样的隐含意义来形成后续问题。有效的后续问题表达的是推断而不是解释，因此来访者可以发现他们引人深思而不乏幽默的想法。举例而言，咨询师可能会问那些敬佩佐罗（Zorro）的人："你伪装了你的真实身份吗？你有救世主情节吗？你寻求真理而委屈了家人吗？"来访者对这些后续问题的答案，增加了咨询师对来访者自我概念的理解。为了练习倾听个体如何描述他们的榜样，读者可以收听大生活（Great Lives）的广播，这是一档播放嘉宾讨论他们榜样（偶像）的节目（http://www.bbc.co.uk/podcast/series/greatlives）。

### 问题 2：最喜欢的杂志

第一个问题中讨论的影响和认同塑造了来访者的自我概念，生涯故事访谈中的第二个话题涉及的是职业兴趣。从生涯建构理论的角度来看，兴趣象征着一个心理变量。在拉丁语中，inter意指"在……

之间"，而 est 意指"它是"（it is）。因此，interest 意思就是"它在……之间"。 在生涯建构理论中（Savickas，待出版），兴趣表明了个体需要与社会机遇之间的一种心理社会张力，要去实现那些可以满足需要的目标。生涯建构咨询师通过聚焦于来访者偏好的环境来评估其兴趣，也就是说，聚焦于那些他们相信可以追求他们目标、实现他们价值的职业环境。因此，从询问角色榜样中得知来访者的自我概念之后，咨询师便开始关注引起来访者注意的工作环境或吸引他们的职业环境。

评估来访者的职业兴趣有四种方式（Super，1949）。相比而言，效果最差的方式是调查个体对于各种活动和职业的偏好。兴趣问卷（interest inventory）需要假设被调查者对问卷项目有一定的了解，并且他们的自我报告也是客观的。更为有效但现在很少用的方法是兴趣测验（interest test）。在兴趣测验中，人们需要对他们感兴趣的活动非常了解才行。[1]比这两种测量方法都要好的方法是评估来访者所表达（expressed）的兴趣，即对人们所说出的在未来想做些什么进行评估。最有效的方法是评估人们所表现（manifest）的兴趣，也即对一个人的行为所表明的兴趣倾向进行评估。举例来说，当搜寻一个罪犯的房间时，罪犯侦查员会在他或她的行为遗留的痕迹中寻找线索。因为没有经过装饰与整理，咨询师期待杂志和书籍可以提供最好的线索。所以，在评估来访者的职业兴趣时，咨询师评估来访者所说的、做的，相比评估他们对问卷或测验的反应，

---

[1] 通常，问卷调查需要被调查者给出第一反应的答案；而测验需要被测者选择一个正确的答案。——译者注

可以更好地为来访者服务。

为了确定最适合来访者的职业环境，咨询师会考虑到来访者最近置身的场所。为了探究来访者的可能自我（possible self）所偏爱的职业环境，咨询师可以要求来访者列举出最喜欢的杂志、电视节目或网站。对这些问题的回答，揭示了来访者显露出来的兴趣，有一些在预测未来时非常有价值。生涯建构咨询师通常最先询问来访者最喜欢什么杂志来评估他们外显的兴趣。如果来访者列举出若干种刊物，那么咨询师通常会充分发现来访者的兴趣。然而，如果来访者很少阅读杂志，咨询师则会询问他喜欢的电视节目。如果仍没有得到关于偏爱环境的有意义的信息，最后的备选是询问来访者经常访问的网站。来访者最喜欢的杂志、电视节目或网站揭示了来访者喜欢置身的替代环境。

我们先来说说杂志。杂志间接地使读者沉浸于一个偏爱的场所或舒适的环境。阅读杂志的人们栖息于杂志封面之下的世界。在列举最喜欢的杂志时，来访者告诉了咨询师他们喜欢栖息的环境类型。咨询师最好挑选两至三本来访者经常阅读或感兴趣的杂志，然后要求来访者依次描述他们在每一本杂志中喜欢阅读的是什么，了解每一本杂志吸引来访者的地方是什么，这是非常重要的。如果来访者列举的是一些刊登特定领域深度信息的小发行量期刊，来访者的兴趣点可能相当明显。这些杂志包括：《汽车杂志》《科学》《摄影学》《今日心理学》《财富》和《趣味剪贴》。如果来访者列举的是刊登各种不同信息、吸引广泛读者的大众杂志，那么，咨询师必须关注来访者最喜欢或最先阅读的部分。举个例子，如果一位来访者把《时代》或《新闻周刊》作为最喜欢的杂志，那么咨询师需要继续询问来访者最先会阅读哪个部分——政治、娱乐、科学、医学，等等。

那些不经常阅读杂志的来访者，通常会有规律地看一些电视节目。最喜欢的电视节目与喜欢的杂志一样，提供了关于来访者偏爱环境的信息。作为世界的窗户，电视让观众身临其境。这些节目被称作"秀"，因为它们让观众看到了不同的地方，观察到人们以特定的程序来解决特定的问题。比如，《老房子》（*This Old House*）把观众带入一个人们紧张参与制作或修理东西的物理环境；《超凡设计》（*Divine Designs*）给观众展示了室内设计如何创造漂亮和有特色的空间；《犯罪现场》（*Crime Scene Investigation*）把观众带到了人们运用分析技巧来破解神秘事物的创伤环境；《老友记》（*Friends*）把观众带到了人们运用社交技巧建立关系的社交环境；《波士顿法律》（*Boston Legal*）把观众带到了人们运用劝说技巧为客户辩护的法律场所和政治环境；最后，《玛莎·斯图尔特》（*Martha Stewart*）[1] 把人们带到一个日常环境，在那里，人们运用食谱来服务生活，使用组织技巧来服务他人。关注一些公众人物，比如奥普拉·温弗瑞（Oprah Winfrey）（社交环境）和玛莎·斯图尔特（日常环境），给人们提供了通过电视节目和杂志进入某种环境的机会。

相比阅读杂志或看电视，有些来访者花费更多的时间在电脑上。

---

[1] 一档由玛莎·斯图尔特主持的生活类节目。——译者注

当与这些来访者一起工作的时候，咨询师需要询问他们通常都访问哪些网站。在打开一个网页时，个体便进入了一个偏爱的环境。打开来访者电脑上的网页浏览器，进入"访问页面"，便揭示了来访者明显的兴趣，因为它列出了来访者反复进入的环境。个体会经常点击他们感兴趣的网站。咨询师可以要求来访者打开他们的网页浏览器，按"Ctrl＋H"键，打开"收藏夹"（Favorites），把这些网站的清单复制给咨询师看。在我写下上面的话之后，我停下来看一下自己最喜欢网站的清单。第一个网站是一个字典和辞典的网站，我在写作的时候经常用到。看到这个网站，一位咨询师可能会猜测我对语言或是写作感兴趣。当然，这位咨询师恐怕是正确的，因为在我写作的时候，我经常要寻找完全合适的词语——法语所说的贴切的字眼（mot juste）。第二个最经常访问的网站是"Shoutcast"，一个互联网广播网站，我经常在上面听经典或爵士音乐。第三个网站是"旅游城市"（Travelocity），我经常用它来安排旅行。所以，我的兴趣是写作、音乐和旅行。最近的一位来访者，她在书店工作。她最喜欢的网站是 www.facebook.com 和 www.poetry.com。当然，她的职业兴趣可以被认为是社交和写作。她的职业梦想是成为一名创造性写作的教师。正如读者可能猜测到的，检查清单或许比查看兴趣问卷结果更好，也更省事。

　　在倾听来访者对于偏爱环境的回应以及进行评估时，咨询师需要记住来访者的自我概念，以及这样一个自我在所讨论的环境中如何演变。自我概念和职业兴趣之间的联系通常是强烈和明显的。举例来说，一位本土的美国来访者陈述她喜欢的电视节目是《星际迷航》（*Star Trek*），因为全体船员勇敢前往从来没人去过的地方。她的角色榜样是宝嘉康蒂（Pocahontas）[1]，因为她在两个世界之间搭建了桥梁。当然，宝嘉康蒂应该会成为"进取号"星舰上一位优秀的船员。来访者最终演绎了这样一个脚本（script）——她成为了维持两个文化团体之间交流的联络员。与我们所有人一样，她需要一个适合的脚本，以有意义的方式统一自我和环境。环境的选择将深刻影响故事演出的范围。环境产生了故事的可能性，并使某些脚本必然发生而对其他脚本进行了否定。现在我们来看来访者心中的脚本。

### 问题 3：最喜爱的故事

从生涯故事访谈的前两个问题中，咨询师对来访者的自我概念、偏爱的工作环境有了很好的了解。第三个问题是，如何通过执行脚本在那个环境中来扮演自我。因此，第三个话题涉及的是生命脚本（life scripts）。在某种意义上说，第三个问题担当了逻辑实证主义范式的个人—环境匹配之间的连接号——即自我和环境之间的联结。它涉及了公开实现个体的可能性。

为了了解来访者的生命脚本，咨询师会要求来访者列举出他们最喜爱的故事。咨询师想要了解来访者会用哪些故事来塑造他们的生命。在听到故事的标题之后，他们会要来访者讲述这个故事。听

---

[1]《风中奇缘》（*Pocahontas*）中的土著公主，她在英国拓荒者和土著人的世界之间搭建了桥梁。——译者注

来访者用他们自己的语言讲述故事，这是非常重要的。咨询师用心倾听来访者如何用这个脚本来统一他们的自我以及喜欢的环境。在讲述故事时，来访者通常会谈及自己可能的未来。通常，来访者最喜欢的故事清晰地描绘了他们核心的生活问题以及他们认为可以如何处理这个问题。咨询师需要仔细倾听，了解来访者习惯脚本提供的结构和安慰。举个例子，一位医学预科女生经常读《乱世佳人》，因为女主角郝思嘉让她着迷。在无意识层面上，她决定学习如何在成为一位内科医师的同时不放弃自己的女性气质。她发现这部小说解决了她的恐惧，即她的成就需求和与爱人之间亲密关系需求之间的冲突。另一位来访者阅读海明威的《老人与海》，以此作为他的创造力与过度敏感的隐喻。他也不得不学会应付那条可能毁坏他的艺术的鲨鱼。第三位来访者反复地观看电影《教父》，因为对她来说，《教父》讲述了一个男人的故事——通过提供一个生存的价值体系和解释规则，把秩序带进了一个团体。她后来成为了一位评论社会和社会价值观的作家和广播人物，当然，不是一名黑手党。

### 问题 4：最喜欢的座右铭

生涯故事访谈中的第四个话题涉及来访者对他们自己的建议（advice）。咨询师会要求来访者说出他们最喜爱的一句格言。如果来访者没有座右铭（mottos），咨询师会要求他们背诵一句他们记得的谚语，或者现场创造出一句格言。在咨询师的鼓励下，即使不情愿的来访者也会表达出一些东西。这些事情是来访者在当下组织而成的，将会引出他们对于如何前进的直觉理解。来访者的座右铭通常会简洁地表达他们进入职业情节下一幕的直觉策略。比如，那位敬佩宝嘉康蒂的来访者会赞同这样的座右铭——"不入虎穴，焉得虎子"。

### 问题 5：早期回忆

最私人的问题放在最后。在讨论了前面四个话题之后，来访者已经信任他们的咨询师并感到揭示自己更为深层的故事是安全的，只要不是最深层的秘密。同时，生涯故事访谈中这些话题的次序，也形成了一个前进的方向，引导来访者进入他们私人的执念（preoccupation）。通过考虑来访者生命故事核心的场景，咨询师寻求了解他们对于生活的信念。这些场景以早期回忆的形式，为咨询师呈现了来访者对于生命的看法。咨询师可以把早期回忆看作包含了个人核心执念的隐喻和寓言。

生涯建构咨询师通常会说他们对来访者最早的记忆（有点像他们人生故事开始的地方）非常感兴趣，从而询问来访者的早期回忆。因为来访者会在若干个故事之中探索他们的执念和问题，所以咨询师通常会询问三个早期回忆。对于每个早期回忆，咨询师要求来访者描述其背景、活动和结果。咨询师可以要求来访者说出情节发生时他们体验到的情感。这样做通常会引导来访者报告他们经常体验到的感觉，甚至那些支配他们生活的情绪。听到来访者叙述的三个早期回忆之后，咨询师要求来访者去评价每一个故事，并为每个故事撰写一个能捕捉精髓的标题。他们可以要求来访者假设故事将出现在明天的报纸上，编辑需要给它加上一个标题。他们还可以指导来访者在标题中加入一个动词。标题会从动词中得到能量，就如生命会从运动中获得能量。如果来访者无法做到，脑中一片空白，咨询师会提供一些建议并与来访者一起修正，直到来访者写出一个标题。然后，来访者和咨询师继续为剩下的两个早期回忆撰写标题。

当咨询师为早期回忆确定了标题，生涯故事访谈也就完成了。然后，咨询师应该询问来访者是否愿意去做点别的事情。这个时候，咨询师应该简要概括一下在访谈期间他们完成了什么，告诉来访者下次面谈将会发生什么，并布置一些家庭作业帮助来访者准备下一次的面谈。提醒来访者他们讨论过的内容是绝对保密的，这一点总是必需和必要的。为了准备下一次的面谈，咨询师需要评估来访者对生涯故事访谈的回应有什么意义，即第 5 章的内容。

5 生涯故事评估

CHAPTER FIVE

在完成生涯故事访谈之后，开始生涯咨询之前，咨询师必须理解来访者故事中呈现的意义，将此意义与他们当初寻求咨询的原因联系起来，并准备重新讲述来访者的故事，即描绘一幅人物速写，强调生涯主题并构想扩展职业情节的场景。经验丰富的咨询师也许会在开展生涯故事访谈时，就做好这些准备，以便结束访谈之后可以立即开始咨询。举例来说，如果他们只能与来访者相见一次，那么，他们会花一半时间开展访谈，一半时间为来访者咨询。如果面谈不止一次，那么，访谈和咨询的任务将会分开进行。一般而言，生涯建构咨询师会在第一次面谈中，以生涯故事访谈引出来访者的生涯结构；第二次面谈，对来访者叙述一个重新建构的故事，并开始与来访者一起建构一个原创的同一性叙事；第三次和最后的面谈，完成咨询并结束整个过程。咨询师尽量在第一次和第二次面谈之间间隔一个星期，在第二次和第三次面谈之间间隔 2 ~ 4 个星期。在第一次与第二次面谈之间的这个星期，咨询师通过执行一个评估方案——重新建构来访者对生涯故事访谈的答案以形成一幅生命画像，用来解决来访者寻求咨询的最初需求——从而为第二次面谈做好准备。

## 评估之目标

为了把来访者的回应重新建构成一个有意义的模式，咨询师需要把小故事集合起来，形成关涉来访者职业情节和生涯主题的大故事。我把这个大故事称为宏观叙事或生命画像（life portrait）[1]。咨询师像叙事艺术家一样绘出一幅心理画像，而这幅画像把似乎分离的、表面上几乎没有联系的小故事集合起来，形成一个清晰和连贯的同一性叙事。然后，来访者和咨询师一起运用这幅画像来思考和反思所呈现的问题。通常，研究这幅生命画像会促进一个转化的过程，了解它可以帮助来访者解决迷失困境或职业错位。

　　通过把关于自我、环境、脚本和策略的微观叙事结合起来，形成一个高级的内含所有小故事的宏观叙事，咨询师便完成了一幅生命画像的初始草图。回想一下，最近一次你在一家艺术博物馆观看展览，想想这些物品都是如何陈列的。就在我写这本书的时候，我去参观了安瑟·亚当斯（Ansel Adams）的摄影展。展品管理者不仅收集和陈列这些照片，他还把这些照片进行摆放，展现出一种潜在的审美感。他运用叙事的能力，把散落的照片和情绪转化为经验性的小段落（vignettes），它们反映了他人能够理解的清晰和一致的主题。

　　所以，咨询师必须也以一种增进生命力、揭示意义和描绘重要生活的方式来安置来访者的小故事。从千万个小故事中抽取出元素之后，咨询师会重新建构一个恢宏的故事或同一性叙事，为来访者的生活提供一种资源。这个重新组合——调整自我、环境、脚本和策略的架构——把许多微观叙事组合成一个宏观叙事，这个宏观叙

---

[1] 这里的生命画像其实是以文字形式展示的。——译者注

事可以解决来访者带入咨询中的担忧。微观叙事被重新组合用来促进来访者的理解、意向和行动。我们的想法是让来访者的生命说话，特别是说出当前的问题。在安瑟·亚当斯的摄影展中有一个相关的故事。1993 年，亚当斯把他的作品带到纽约市，想要获得著名的现代主义摄影家阿尔弗雷德·斯蒂格利茨（Alfred Stieglitz）的评价。亚当斯说斯蒂格利茨并没有教给他什么。当亚当斯拿出他的照片时，斯蒂格利茨谈论它们，并"向我自己揭示了我"。但在后来给斯蒂格利茨的信中，亚当斯（1936）写道："在我看来，我对您的造访激发了我一种革新——也许简化这个词将更合适……我自己的作品突然变成一些对我而言新的东西——焕然一新、令人激动，从来没有如此过。"咨询师也承担了同样的目标——以像来访者揭示他们自己的方式来组织和描绘来访者的故事。

为了寻找和阐述生涯中的主题，需要咨询师培养来访者的叙事能力。在电影导演马丁·斯科塞斯（Martin Scorsese）那里，有一个关于叙事能力的例子。他把叙事能力解释为将零散的画面转化为一个清晰和连贯的故事。在拍摄电影《没有回家的路：鲍伯·迪伦》（*No Direction Home*：*Bob Dylan*）时，斯科塞斯（2005）不得不在 10 个小时的采访和 300 个小时的录像带中寻找主题。为了塑造这个故事，斯科塞斯说他不得不"在他的生命中、在连续的镜头中寻找一种叙事"，并面对观众讲述这位艺术家的生命旅程。为了完成这件事，他密切地关注迪伦所选择用来描述他的感情的话语。最终，斯科塞斯用迪伦在一次采访中说过的话来表达核心主题，迪伦说："我一直在尝试找到回家的路。"他用迪伦最著名的一首歌《像一块滚石》（*Like a Rolling Stone*）中的歌词来阐述这个主题，在这首歌中，歌手运用了隐喻来解释"依靠自己"是怎样的感觉。因此，这部电影的标题象征着迪伦持续一生的挣扎，想要找到"家的方向"。

为了发展斯科塞斯（2005）所呈现的叙事能力，需要咨询师培养出三种技能。第一种技能，进入故事（entering the story），涉及拥抱一个故事所需的直觉和同理心、聚焦于负面的情境和场景、感觉故事的整体气氛、保持它的伤痛和忍受模糊性。第二种技能，理解故事（understanding the story），涉及辨认出生涯主题并运用来访者的隐喻来表达它。迪伦的"没有回家的路"，就是这样一个隐喻的例子。一位藏身于完美主义背后的来访者，运用了"戴上一个假面"这个隐喻。另一位隐身于世的来访者是一位化学教授，他说："我藏身于大学校园里"。第三种技能，阐述意义（elaborating meaning），涉及采用多元视角来构想不同的解释和新的意义，这些解释和意义为行动打开了新的可能性。珍珠果酱乐队（Pearl Jam）的主唱歌手埃迪·韦德（Eddie Vedder, 2008）说道，听众如何把他的歌曲《活着》（*Alive*）的歌词含义从一次诅咒转换成了一次庆祝。与珍珠果酱乐队的粉丝一样，咨询师也必须扮演来访者故事的听众角色，因为好的倾听者会提升一个故事。

运用叙事能力，咨询师可以在描绘来访者的生命和生涯时强调一个贯穿始终的主题。宏观叙事应该包括一个看似合理的人物弧线，依此重新建构当前情境的发展脉络。带有明显弧线的叙事呈现了一个综合方向和生命目标，并有某种趋向整体性的感觉。咨询师通过使用具有洞见的偶然事件，把一个又一个故事重新建构一个大叙事。叙事通过这些琐碎事件来完成它的效度。它还应该通过同化经验和重设因果关系顺应新的理解来激发意义。生命画像应该以增进传记能动性的方式来组织，以处理好来访者的当前困境。生命画像还应该通过为行动打开新鲜的可能性来鼓励改变，甚至有时需要在充满希望的方向中弯曲人物弧线。咨询师必须记住在组织这些故事中来访者拥有的能动性。通过澄清什么是最重要的并增加来访者的能动性，同一性叙事应该帮助来访者获得作出重大决定时所需的勇气和重新入世所需的信心。

## 模式和问题评估

宏观叙事把关于日常生活的微观叙事组织成一个故事，它可以"巩固我们的自我理解，确立我们情绪和目标的特征范围并指导我们在社交舞台上的行为"（Neimeyer，2004b，p.54）。为了重新建构来访者的微观叙事，使其形成一个具有理解性和一致性的同一性叙事，帮助来访者赋予过去意义、明确当前情境并预想接下来做什么，生涯建构理论（Savickas，2005）提供了一个概念框架。这个框架的提出基于三个基本原则。第一，这个叙事要同化来访者的当前经验。叙事必须与来访者当前的观点充分一致，以便它能够被理解。

如果它与先前存在的故事差别太大，来访者可能无法理解它，而且可能因此无法运用它。第二，这个叙事必须提供材料将来访者的故事缺口连贯地填满。这些新的材料必须以来访者觉得可靠的方式详细阐述先前的故事。这个阐述可能带来新的意义，有了这个意义，来访者就能够重新塑造自己和情境。第三，这个带有新的视角和深层意义的宏观叙事应该鼓舞来访者去投入行动。

### 发现模式

在获取来访者对生涯故事访谈的回应之后，咨询师需要检查那些故事以确定一个强调叙事同一性中核心主题的模式。尽管来访者的故事通常在特征、环境和情景方面有所变化，但是它们通常都共享了一个主题，而且每个故事都强调了这个主题。这种强调使咨询师能够在众多故事的嘈杂声响中听到内含的旋律。生涯建构咨询师遵循系统化的行动法则，把许多不同的微观叙事调整进一个宏观叙事。他们运用一个创作路线，指导他们把来访者的经验、期望和解释联结起来。然而，创造一幅生命画像不仅是遵循这个路线中的几个步骤就可以。咨询师还必须运用自己的直觉和思想来组织和激活这些元素。

装裱生命画像的关键要求是确定构成宏观叙事的模式或生涯主题。模式（pattern）是把对来访者最重要的事情凝聚到一起的潜在结构。为了给来访者的意图（contemplation）创作出一个有意义的宏观叙事，咨询师必须能够识别出模式。现实呈现的是混乱的、不可预测和随机的未经加工的经验。这个经验就像没有任何形状的流动的水。正如一个杯子盛上水一样，随着经验形成意识之流，故事容纳了这些经验。

生涯建构咨询师需要一个容器，把来访者的微观故事容纳在某种模式里。通过加载模式，咨询师可以选择事件并把它们塑造进宏观叙事。当宏观叙事能够给予来访者看待自己观念的新方法（不一定要提供新观念），咨询就算大功告成了。就如普劳特（Prouts，1923）说的："真正的发现之旅，不是看见什么新大陆，而是用新的眼光去看"（P.762）。罗杰斯（1942）解释说，咨询师要帮助来访者"以新的方式看待旧的事实"（p.77），发现熟悉的故事之间的联结，并接受新模式的含义。咨询阐明了那些本来就在的事实。相应地，生涯故事评估方案为阐明来访者故事中的模式提供了框架。至此，这个程序中的元素都已为读者所熟知：描述自我，把自我置于环境中，为自我的扮演增加脚本，为脚本的演出阐明策略。这个方案为建构叙事提供了可靠的结构，这个结构聚焦于重要的问题而搁置了不相干的细节。它还为理解微观叙事提供了一定的结构，将微观叙事整合为一个具有理解性、一致性和连续性的宏观叙事。

这里需要再次强调，这个评估方案的目的是，通过给予咨询师一个起点和"安全毯"（security blanket）来增加他们的创造力。但是，咨询师不能教条地应用这个程序。相反，他们应该灵活地遵循它的程序，时刻记住来访者想从咨询中获得什么。对改变这个套路的做法保持开放，以让宏观叙事能够根据来访者的需要而不是咨询

师的偏好而发展。教条地应用这个方案会导致宏观叙事太过于简化
（simple），甚至是刻板。当然，经验的简单化（simplication）是
组成宏观叙事的一个目标。简单化使交流变得更加容易。但为了避
免过分简化，必须通过保留生命复杂性的组织予以平衡。程序使复
杂性变得简单化，但是没有必要使之变得简化。这个组织把复杂性
重新配置，使之成为一个突出核心含义的可识别的设计。

　　为了把众多小故事组织进一个同一性叙事，生涯故事评估方案
有 8 个部分。在这个评估方案中，前两步可能是最重要的：第一，
通过查看来访者的咨询目标来确定问题；第二，通过确定人物弧线
根基中的执念来辨认模式。

### 查看来访者的目标

　　咨询师开始评估方案的第一步，是查看访者想要从咨询经验中
获得什么。这些目标关注的是随后对微观故事和咨询的检测。这些
目标提供了一个筛选故事的过滤器。举例来说，对于引导性问题"在
你建构你的生涯时，我能够帮你做些什么"，一位来访者回答说，
她不知道为什么她选不出一个专业，她希望在做选择方面获得帮助。
这个回答给了我两点参考：她想要我帮她弄明白为什么她不能作出
选择，还想让我帮她增强她作决定的能力。她看起来被作决定的焦
虑弄得不知所措。所以在查看她的生涯故事时，需要倾听的是她对
作决定的态度以及作决定的经验。我特别有兴趣的是，她如何作出
与生涯主题相关的决定，其中之一是，经过斗争来挣脱母亲对她的

人生目标的支配。值得注意的是，她并没有要求咨询师帮她来确定某一个选项，至少一开始的时候没有。她最先想要知道的是什么阻碍了她。另一位来访者说，她想弄清楚自己的优点和缺点，因为她很难将精力集中在工作上，哪怕只是工作的某个部分。很快，无法聚焦于单一事情成为了我们的中心话题，这时，她认识到自己的优点是成为一个多面手而不是专家。第三位来访者说他想要确定自己是否选择了合适的研究生课程。当然，其实他已经非常确定他的选择，我们很快就发现这点。但是，作为一个过度负责的家中长子，他需要一位权威人物来确定他的那个选择。

### 确认执念

评估方案的第二步，咨询师通过查看来访者的早期回忆来确认人物弧线根基中的执念。阿德勒（1931）写道，无论来访者何时来寻求职业指导，他都会询问他们关于生命早年的记忆。他认为对于童年早期的记忆确凿地展示了来访者一直以来将自己训练成什么样的人。威廉·詹姆斯认为，在来访者对世界的最初经验中，一些特征事件让他们印象深刻以致后来他们以此进行比拟来理解重要的情境（Barzun，1983）。为了提升他们的生命或者改变他们的习惯，个体首先需要整体地意识到这个对于人生的比拟，然后选择一个更加有效的人生方向（Barzun，1983，p.9）。与阿德勒和詹姆斯的观点一致，生涯建构咨询师也运用早期故事帮助来访者理解和评价他们的人生比拟。

咨询师需要来访者的早期回忆，因为这些记忆中的故事来自来访者的第一次对生活的觉察，第一次决定他们的世界如何运作。在那期间，儿童根据他们的视角来理解这个世界，并开始形成一个人格或面具，在它们之下参与这个世界。早期回忆描绘了代表来访者对自己、他人和这个世界之基本理解的根源经验。这些试金石般的记忆具有原型的作用，包含了生活的准则以及这条准则在行动中的实例。早期回忆把来访者在童年习得的经验教训带进了生活。咨询师想要通过这些经常不断出现的自我类比，来理解来访者保持生命活力的核心意义，每次都把这个意义新鲜地移植到新情境里。

因为早期回忆描绘了如此重要的信息，所以咨询师把它们作为一个叙事催化剂来开始宏观叙事。从某种意义上说，咨询师以来访者生命故事的开端作为工作起点。不过，咨询师所找寻的不是字面上的生命故事开端，而是指来访者生命的基本导向。所以，在查看早期回忆的时候，咨询师应关注一直萦绕在来访者周围的困扰。这些困扰非常重要，它们代表了来访者生命中的核心力量。它们是来访者界定自我和同一性的执念。小说家阿加莎·克里斯蒂（Agatha Christie，1977）在其自传中写道："我认为，就我自己而言，一个人的记忆代表了某些关键的时刻——它们看起来无关紧要，但是代表了最真实的内在自我。"（p.viii）

早期回忆揭示了那些对来访者生命施了魔法的经验。这些故事具有强烈的特征，在个体的生命中显得深远而古老。这些被唤醒的记忆经常会展现来访者的秘密并突出来访者面临的挑战。作为生命故事的浓缩版本，它们展示了来访者生命的主旋律（leitmotif），即反复发生的重要主题。它们促使来访者注意那些他们不能忽略的问题。来访者在碰触到这些问题时可能需要帮助，而咨询师一定要帮助他们来处理并解决这些问题。咨询师的工作是把来访者的记忆充分唤醒，使来访者可以看到自己的经验并解读自己的使命。在生涯建构的咨询中，咨询师应该注意来访者如何通过工作来解决这个挑战。在描绘早期记忆时，咨询师召唤一个人神秘的本质，为职业选择和工作适应等问题注入意义和激情，这也正是来访者带入咨询的问题。这样做是为了告诉来访者，如何把他们的精神植入日常的世俗活动。

### 为什么是早期回忆

一些人会问，生涯建构咨询师为何偏爱早期回忆，而不是其他的传记故事，比如决定性时刻（McAdams，1993）、重要场景（Carlson，1981）或者成功故事（Haldane，1975）。这些叙事类型都会带来对来访者执念的某种理解，然而，我更喜欢早期回忆，与生命早期之后的一些故事不同，这些根本性的故事直接切入了来访者个人剧本的核心。它们呈现了一个人自我探索全部作品中的核心故事。作为来访者原型图式的样本，早期回忆报告了一个单一、简单和连续的行动，没有无关的或者偏离的细节。它们是描绘个体赖以生存的真理的简洁叙事。与寓言很像，早期回忆运用了具体的叙事呈现抽象的生活结论。在某种意义上，它们隐含着来访者的生活处方，包括了他们的信念和假设。而且，作为生活寓言的早期回忆经常拥有不言而喻的象征意义。因此，咨询师使用这个象征性的语言，更易于讨论困难和复杂的议题。

因为早期回忆通常涉及来访者被困扰的问题，所以它们经常会引发关于自我的表现。咨询师要学会期望甚至欢迎这些情绪，确保当来访者叙述早期回忆时，他们会流露出那些想要在当下得到处理的情感。咨询师要很好地跟随着情感，感受它们的意义，因为它们显示了来访者的成长边缘和需要注意的信号。这些情绪通常与他们带入咨询的生涯问题是一回事。处理这些感情，为来访者的自我重组提供了一个支点，并为新的行动提供了动力。新手咨询师会感到惊奇，来访者的早期回忆和伴随的情感竟如此频繁地与其当下困扰的情境直接对应。老练的咨询师会了解，回忆是一种适应性行为，它使个体能够处理当前的事务并为未来做好准备。来访者选择讲一些故事是为了自我治愈和个人发展。对于所有可获取的故事，来访者会叙述那些自己想听的故事。因为过去被呈现到当下，所以早期回忆处理的是来访者现在的情境，而不是他们的过去。这些故事还涉及了来访者未来的前进方向。许多理论家断定，过去的记忆与未来的规划强烈相关，少数理论家甚至同意"记忆对于未来是第一位和最重要的"（Fivush，2011，p.73）。

记忆即是当前，而不是由当前挖掘出来的资源。当前的活动一直改变着记忆，但记忆本身也总是维持着当前的意义。维特根斯坦（Wittgenstein，1953）解释说，任何一个数字的有限序列都能够以许多不同的方式继续。举例来说，数字序列"2、4、8"可以被数字 10、16 或 31 中任何一个合理地继续。第四个数字改变了这个序列先前的意义。在生命中也是如此，新的经验可能会改变先前经验的意义。事实上，人们是重组了他们的记忆及其意义来讲述关于自我和社会的故事，这些故事支撑了他们当前的目标并激发他们未来的行动。因此，记忆是被重新记起（re-membered）或者重新建构的，以满足个体当前情境的需要。后来事物重新组织了先前事物的意义。在讲述他们的回忆之时，来访者回到一个记忆起的经历中来认识自我。当前的讲述从当今的视角提供了一种解释。在重新记忆的行动中，来访者主动运用过去的知识使得当前的情境变得有意义。

### 叙事真实

古老的犹太格言问："什么比真实（truth）更真？"答案是"故事"。早期回忆涉及的个人真实可能以小说的形式被讲述。早期回忆所报告的可能不是历史事实；此刻的重新回忆事实上可能会歪曲或虚构"事实"。早期回忆以现在时态传递了关于过去的真实，而不是事实。生涯建构咨询师不会错把这些叙事真实当作历史事实。举例来说，一个来访者报告了一个 5 岁的记忆，内容是他躺在他的儿童床上，他想要一双牛仔靴子作为圣诞礼物。他扭曲了这个事实，用来象征他感到依赖和无助的个人真实。来访者并不是随机地歪曲历史事实；相反，他们重构过去使早期的事件可以支持当前的选择，并为未来的发展奠定基础。每个叙事的讲述都有一个不同的背景、目标和听众。因此，每一次讲述都呈现了一个可以把过去写成小说的叙事真实，以保持来访者面对转变时的连续性和一致性。

尽管历史事实需要准确无误，但是个人真实只需要合适即可。无论是咨询师还是来访者，若把早期回忆看作决定未来的因素都是危险的。相反，他们应该把故事看作创造意义和塑造未来的积极尝试。这些故事通过评估机遇和限制来引导来访者的适应性。在讲述这些故事时，来访者以建构未来的方式重新回忆过去。重新记起过去是一种适应性的行为，使个体能够处理现在的事务并为未来做好准备。

### 故事描述缺口

理解早期回忆有许多种方式。生涯建构咨询师把它们看作揭示来访者内心空洞的 X 射线。这个空洞、瑕疵或痕迹表明了个体错失的、想要的或者缺乏的东西。关于早期回忆的叙事起因于来访者想要治愈一颗受伤的心。许多评论家曾说，故事与缺口（gap）或者某些未曾预料的事件有关。如果每件事情都如其所是地发展，那么就不再需要故事。当事情发生了某种偏离，这时就需要故事来使经验能被理解。生涯建构咨询师把早期回忆看作对生命中偏离事件的报告。这些报告经常尝试填补经验与解释之间的缺口。它们解释了那些本不该发生却发生了的事情。

大多数情况下，早期回忆中出现的情境就是一个问题，事实上也是当事人最想解决的一个问题。然而，有些人认为早期回忆被称为问题并不合适，他们对问题（problem）这个词有些畏缩。不过，在他们最早的回忆中确实存在一个执念。生命中的缺口越是痛苦，当事人填补缺口、订正错误或纠正偏离的执念就越是强烈。从许多方面来说，生命可以被视为人们一次又一次重复的尝试，不断填补自己心中的空洞，每一次在更高的掌控水平上重复一个不同的版本，尝试使自己变得更加完整。

所以，在理解来访者的早期回忆时，咨询师要试图理解其中蕴含的生命概念。通过将叙事视为对一些具有代表性的、与当前的职业任务、职业转换或工作创伤相关的主题的重复，咨询师来达到这一目的。执念与来访者寻求咨询的原因直接相关，因此它是来访者需要立即听到的一个故事。从以下两个视角来考察早期回忆将会非常有用。第一，将其视为当前问题一个可能的摘要来考察。换句话说，咨询师要问自己，它是否简明地概括了来访者当前的问题。第二，重新考察这个回忆，看它是否可以作为构成人物弧线根基的首要执念。通常，我们不难发现早期回忆中既含有长期的执念，又涉及当前的问题。但是，有时候，我们只能认识到其中较为明显的一种情况。早期回忆中总是包含着一些重要的东西。

将早期回忆作为叙事催化剂，咨询师可以强调故事中那些重要的事情，以增加来访者对它们的认识并进行重新评价。在使用荣格派技术来强调时，咨询师会尽力收集所有关于某一特定动词的元素或形象知识。他们会关注第一个动词并问道："我之前在哪里听到过这个？"最近，我完成了一个个案，这位来访者这样开始他的第一个早期回忆，他说："我记起我正在向一幢新房子移动。"我强调了移动（moving）这个词，认为这个词是他生命中一个频繁的动作。所以，我对这位来访者说，我注意他对移动这个词比较敏感，喜欢移动、喜欢处在移动状态，是一名移动者和摇动者，被移动、有动力、讨厌不能动弹。我也意识到他所描述的移动是朝向一幢新房子。所以，移向新环境是一个重要的主题，很可能既有积极的要素又有消极的要素。在第二个早期回忆中，他回想起他在适应这个移动时遇到的困难：一天，他正在车道上骑着自行车，他尽可能快速地骑行，好像这样他才能避免陷入麻烦之中。这两个回忆都重现了他的生涯问题，他刚刚换了另一份新工作，工作非常努力，但还是被一股超出他控制的力量"拉倒"。

第二个例子来自一位学生，他刚刚完成了一个学期生涯建构咨询的课程。在他最后一场考试结束时，他告诉我他不太看重早期回忆的作用。我要求他告诉我他最早的回忆。他回答道："有人正在给我换尿布，但是我不想换。我大哭大闹！"听到他重复了两遍动词换（change）之后，我强调了它。我说换、置换、发展、转换和转变占据着他的大脑，特别是那些他和其他人不想去改变的情况。他立即说他在心理学上的主要兴趣是过渡转变（transitions），并且他计划在学位论文中研究那些被迫离开家乡来到美国的流亡者。他离开教室时，思考着改变他认为早期回忆没有用的想法。

### 故事顺序分析

请来访者提供三个早期回忆是非常好的练习，因为人们经常会在若干个故事中探索他们的执念。第一个早期回忆预示了来访者最关心的问题——执念。第二个回忆经常重复那个执念，或者用第二个故事来详细阐述它，但不一定总是这样。第三个回忆经常呈现了潜在的解决方案。我们看上文的那个例子，来访者回忆起，在第一个回忆中他向一间新房子移动，在第二个回忆中他无法使自己在那里立足。他的第三个回忆指出了一个潜在的解决方案。在第三个回忆中，他讲述了在他4岁的时候，他的妈妈为他买了几张生日贺卡。当妈妈为他读这些卡片时，他非常惊讶人们居然能够把那些话写到纸上并让人理解它。他说："我觉得这给了我十足的惊奇感。"也许写在纸上的话语能够解决他被"拉倒"的问题。在相同的职业上换了超过10个岗位之后，55岁的时候，他前来寻求关于职业改变的咨询。他在经济上有了保障，想要追求一些新的东西。我们很快就清楚，这些新的东西成了驱动性的讲述者和作者。他需要解决的问题将是如何适应新环境并且避免挫败感。无论这个呈现顺序是否适合每一位来访者，咨询师都应该在第一个回忆中找到问题陈述，在第二个回忆中找到它的重复，并在第三个回忆中找到解决方案。按照这个展现了贯穿三个回忆的线索的顺序，我们将会发现深层的意义。

许多生涯建构咨询师发现，按顺序阅读来访者给早期回忆起的三个标题特别有帮助。因为这些标题提炼了故事的精华，按顺序阅读它们经常会构成一个更大的故事。举个例子，有一位研究型科学家前来咨询，因为她在考虑改变职业生涯。她不喜欢她的工作和同事，从资助单位获取研究资金也不太成功。她的三个早期故事的标题依次是"一个负责任的人""她不知道如何去做"和"感到愚蠢"。

我把这些句子反馈给她听，就成了一种强烈的叙事催化剂。她总结道，她的雇主让她负责做一些她做不了的事情，这让她感到愚蠢。在生涯咨询之后，她迅速地改变了职业，从做研究的科学家转变为一所小型而自由的艺术院校里的学科教师。她喜欢作为教师体会到的即时成就感。甚至，作为一名学术顾问，负责帮助学生把他们的能力与不同的专业匹配，也让她感到很满足。正如上面所说的，咨询师可以遵循阿诺德（Arnold，1962）讨论的原则和方法来分析故事顺序。一般而言，咨询师想要更好地运用早期回忆，也可以参考克拉克（Clark，2002）的一本书，这本书讲了它在心理咨询与心理治疗中的应用。

### 附加说明

我建议咨询师要例行询问来访者的早期回忆。大多数来访者会通过分享早期回忆来保护自己，这些早期回忆与当下的问题（这也是他们准备要去处理的）密切相关。然后，在评估程序中，咨询师可以决定是否处理来访者的执念；如果处理的话，如何处理。根据来访者的情绪准备状态和咨询师的抚慰程度，我们可以在不同的深度水平（从表面的到深刻的）上讨论早期回忆。不过，即使在咨询中一点也不讨论早期回忆，它在描绘敏感的生命画像时仍可帮助我们理解来访者的核心困扰。

一些咨询师不同意这个建议，他们认为新手咨询师可能没有准备好去面对这些问题，或者无法把握来访者在早期回忆中揭露的伤痛。但是，咨询关系提供了一个抱持性的环境，这个环境从文化角度安排好了关于困难故事的讨论。咨询师必须能够接纳来访者的故事，并真诚地进行回应。早期回忆总会唤起来访者的自我解释，来访者这样做时会感受到意义。所以，如果没有准备好处理这些强烈情绪，那么咨询师确实不应该问及早期回忆。如果咨询师决定不涉及早期记忆——由于时间的限制，有时这也是必要的——那么他们就应该在第一个问题（关于角色榜样）的回应中寻找来访者的问题和执念。来访者的榜样展现了他或她对问题提出的解决方案，所以咨询师可以将重点放在这个解决方案上，避免直接处理来访者的执念和伤痛。举例来说，如果来访者敬佩某位英雄的勇气，那么它暗示了其早期回忆可能与受到惊吓有关。还有一些普遍的例子：需要解决害羞问题的人有一个性格外向的榜样，或者需要解决依赖问题的人有一个独立行事的榜样。

为了证实关于运用早期回忆的建议，我想到一位来访者讲述的故事。这位来访者回想起，在她读小学一年级时，有一天放学回到家中，她发现母亲躺在卫生间的地板上，鲜血从她割伤的手腕中流淌出来。这个孩子无助地站在那里，看着她的母亲死去。咨询师必须做好准备应对这个伤痛，以让来访者能够把它作为生命故事中的核心场景。如果咨询师感到很难承受这个故事，那么他或她可能帮不了来访者。当然，感到很难承受的咨询师仍然能够与来访者分享这个痛苦，并尝试处理来访者的情绪。然而，这不是生涯建构咨询的目标。对这位目击了母亲离世的来访者，咨询的目标是帮助她塑造她的生涯，这是她所需要的。通过这段早期回忆，我们逐渐认识

到——她想要帮助那些濒死的人们，把自己的消极经历转化为积极
行为。我原以为她可能有兴趣做自杀预防的工作，但是这位来访者
的反应表明，自杀预防不能彻底地处理她无助地看着母亲死去的伤
痛。她告诉我一个从来没有与任何人分享过的秘密。她渴望成为一
个"让死者安息的人"（midwife for death）。她想要与濒死者在一
起，如果她能够的话，帮助他们平静而有尊严地走向死亡。她为她
的生涯选择了临终关怀的工作，通过一次次帮助病人有尊严地死去，
她以这种方式治愈了自己。在评估了来访者的问题和执念之后，咨
询师接下来就要考虑当前可行的解决方案。

**6** 解决方案评估

CHAPTER SIX

评估方案的第三步，为来访者早期回忆中提出的问题确定解决方案。了解来访者的执念后，咨询师开始思考来访者对角色榜样问题的回应。这个问题探寻的是来访者如何构建一个自我，作为他们生命的资源。作为自己性格的建筑师，个体会选择这样一些人作为角色榜样，他们为如何解决个体面临的问题提供了一份蓝图。这些人之所以被选中，是因为他们为来访者的生命困境描绘了尝试性的解决方案。来访者把这些关键角色作为理想自我，模仿他们的某些典型行为，并最终把这些特征内化进自己的自我概念。来访者并不能完全理解其内部显现的自我，所以生涯建构咨询师将角色榜样作为一面镜子，让来访者可以从中观察自己。来访者对角色榜样的描述反映了他们自我概念的核心元素。通过观察角色榜样，可以帮助他们看到自身最好的部分。对来访者生命画像中的自我进行系统性重建，可以鼓励来访者加强他们的自我概念和性格特征。

角色榜样这个词随处可见，以至于对它的讨论显得老生常谈。事实上，角色榜样的深层意义在于它为个体的自我规划提供了一份蓝图和原型。正如之前解释过，个体的自我是一项建构的工程，而不是既定的结构。作为自我的建筑师，个体必须为自己选择合适的蓝图。然后，通过选取并预演榜样的特征来建构自我，直到将这些特征内化为自己的东西。2000年，健美先生、演员斯蒂夫·里夫斯（Steve Reeves）去世时，加州州长阿诺德·施瓦辛格（Arnold Schwarzenegger，2001）在他的个人网站发表了以下感言，以深情缅怀他心中的榜样：

作为一个小孩子，我是追随斯蒂夫·里夫斯一起长大的。他是电影院中我为之欢呼的英雄，是挂在我房间里的健身冠军，鼓励和激励着我去做到最好。我身边的人不一定能明白我的梦想，但他那卓然的成就让我有勇气去追求我的梦想。从这种意义上讲，斯蒂夫·里夫斯是我有幸获得成功的一个重要因素。斯蒂夫·里夫斯对我而言是一种激励，并将继续作为我们未来世界的重要部分。这个世界不只是失去了一个男人，更是失去了一位真英雄。

为了研究来访者如何界定自我，咨询师需要注意他们在自我建构过程中所使用的蓝图和榜样。从这个角度看，咨询师把角色榜样看作来访者的第一个生涯选择。来访者被角色榜样所吸引，是因为角色榜样曾遭遇相似的困境，但他们找到了解决之道。英雄们提供了一张通往成年期的地图，他们为来访者成长道路上的困境展示了解决方案。我们可以说，对于大多数人，他们总有一个更为担忧的问题。而我们可以更确定地说，另一些人一直总被某个问题困扰着。不管是哪种情况，人们的生活要么在想尽办法解决问题，要么以各种方式表现其执念。来访者关于角色榜样这个问题的回应，隐含地告诉了咨询师他们最想要解决的问题是什么。英雄们所展现出来的性格特征组成了有效的方法，来访者相信可以用这个方法来解决他们面临的问题。因此，用心倾听这些特征如何展现在后面的故事中，将会对咨询师很有帮助。

## 角色榜样和指导者

角色榜样是个体用来了解和形成同一性的形象化资源。例如，在电视节目《欢乐一家亲》（*Frasier*）中扮演夜妖的毕比·诺维尔什（Bebe Neuwirth），在百老汇音乐剧《芝加哥》（*Chicago*）中开始她的职业生涯，她这样描述她的英雄鲍勃·福斯（Bob Fosse）：

我几乎无法用言语来表达，我对他的表演如痴如醉。在我13岁看到他的演出时，就确定了"是的，那就是未来舞台上的我。我知道的，那就是我。"我似乎找到了我的意义。（CBS，2010）

同诺维尔什一样，人们从自己的角色榜样那里获得意义来理解自己的生命。个体从社会推崇的英雄人物中挑选自己的榜样。这些榜样拥有神话般的特征，代表了民族的典范或者偏好，展现了达成目标和解决问题的经典方案。麦克亚当斯（McAdams，2008）描述了英雄与目标之间的对应关系，比如本杰明·弗兰克林和霍雷肖·阿尔杰（Horatio Alger）追逐成功；拉斐尔·沃尔多·艾默生（Ralph Waldo Emeson）和奥普拉·温弗瑞（Oprah Winfrey）追求健康；特丽莎修女（Mother Teresa）旨在救世；马丁·路德·金寻求社会公正。这些社会公认的价值典范是充满力量的神话，他们容易被总结成文并被普通民众效仿，借此解决在儿童期或青年早期所遇到的问题。事实上，个体会选取和改编这些普遍的榜样来符合自己所需要的特定含义，然后以自己偏好的方式来展现这些特征。作为一种原型，榜样身上的价值和意义历久弥新。

社会不断更新旧的榜样，并提供新的榜样。例如，电影《卡罗琳》（*Coraline*）[1]（Jennings，Selick & Gaiman，2009）。2009年初，英美社会出现了一种尝试，即增加一位孜孜不倦追求目标的新女英雄。卡罗琳（Coraline）变成了勇敢女孩的新代表。这之前被人们熟知的女英雄形象有路易斯·卡罗尔（Lewis Carroll）小说《爱丽丝梦游仙境》中走进兔子洞的爱丽丝，弗兰克·鲍姆（Frank Baum）小说《绿野仙踪》中前往奥茨国的桃乐西。电影《卡罗琳》的导演亨利·赛利克（Henry Selick）说道：

爱丽丝和桃乐西是我生命中重要的角色，在我们大众的文化中也很重要……像卡罗琳一样，她们想知道门那边是什么或者拐角处有什么。他们都是有胆量的女孩子，总是希望一探究竟。（引自Wloszcyna，2009，p. D-1）

沃尔泽纳（Wloszczyna，2009）说，卡罗琳是经济萧条时期完美的女英雄。正如期待的那样，卡罗琳和她的冒险故事给大众上了一课，这个故事给那些胆小的女孩提供了一位潜在榜样，告诉她们如何摆脱焦虑，成长为一名探险的英雄。

角色榜样不断提醒人们要坚持自己的内心。他们揭示了来访者孩提时代原发的热忱，这也是至今仍保留在来访者身上的东西。角色榜样能激励年轻人并让他们产生兴趣，是因为角色榜样为他们指出了前进的道路。所以，选择角色榜样实际上是一种抉择——个体

---

[1] 此电影中译名为《鬼妈妈》。——译者注

如何建构自我以及在人生舞台上扮演什么角色。哲学家约翰斯·图尔特·米勒（John Stuart Mill，1873/1990）在他的自传中讨论了对英雄崇拜和模仿的重要意义。他说他自己欣赏孔多塞（Condorcet，1787）的《杜尔哥的生活》（*Life of Turgot*）：

> 我对这些伟大人物英雄般的美德很赞同，并深深地受他们影响。我一再重读，就像其他人一再朗读他们喜欢的诗歌一样，尤其在我的思想和感觉需要升华的时候。（Miller，1873/1990，P.76）

约翰斯·图尔特·米勒还说明了角色榜样如何反复出现在我们的生活里，他告诉约翰·莫利（John Morley，1918），"在他年轻的时候，每当情绪低落时，他就会向孔多塞的《杜尔哥的生活》求助，而且每次都能成功地拯救自己"（p.57）。

对角色榜样的关注促使来访者在想象或游戏中对其加以模仿，通过重复和预演发展出一定的技巧、能力和习惯。几个世纪前，柏拉图（公元前380/2007）曾解释了"小时候就已出现的模仿行为，会在个体的生命中继续发展，最终形成习惯，成为一个人的第二性格，对个体的身体、声音和心灵都会产生影响"（p.78）。正如我们看到的，音乐表演者会对其他人的歌唱风格进行模仿。迈克尔·布雷（Michael Buble）和凯文·斯派西（Kevin Spacey）在他们年轻时很崇拜鲍比·达林（Bobby Darin）。布雷的演唱风格和演出曲目就与达林类似，斯派西则在关于达林的电影《飞跃大海》（*Beyond the Sea*）中亲自献唱（Spacey，2004）。

### 指导者与榜样

来访者可能将父母当作角色榜样（role model），但实际上父母更像是指导者（guide）（Powers, Griffith, & Maybell, 1994）。当来访者谈论作为男人或女人意味着什么时，大多数咨询师听到的是来访者对指导者的描述。通常，有关家庭的剧本就隐含在个体对社会角色的描述中。例如，一个来访者描述他父亲是彪悍的，而母亲是温柔的。他爱他们俩，但父母双方为人处世的巨大差异让他疲惫不堪。他想通过表现得勇敢来取悦父亲，同时又害怕这样会让母亲不愉快，因为她希望他彬彬有礼。他通过模仿罗宾汉（Robinson Hood）来整合这些矛盾，因为在他的描述里，罗宾汉对坏蛋冷酷，但对需要帮助的人热情备至。来访者最终锁定了一个社会工作机构，这样他便可以以彪悍而不失文雅的方式来扮演角色。回忆上文中提到的那位崇拜宝嘉康蒂的来访者，作为这里的第二个例子。来访者的母亲是一名美洲印第安部族人，而父亲是一名爱尔兰人。就像宝嘉康蒂架起了两个世界之间的桥梁一样，从她出生的那天起，她便架起了两个世界之间的桥梁。

有时候，让来访者比较父母指导者和角色榜样之间的差异可能也有帮助。指导者与角色榜样之间的差异揭示了来访者的问题和目标之间的联系，并因此为来访者从消极感受转变为积极感知指出了前进路线。从根本上说，生涯建构咨询师把角色榜样看作个体的第一次生涯选择，因为不像父母指导者，榜样是个体的选择，而父母是生命中的既定。从某种意义上说，是父母或父母形象选择了来访者，而不是来访者选择了他们的父母。

父母指导者产生的是影响作用（influences），而角色榜样产生的是认同作用（identifications）。将外部世界内化意味着按照外部客体的样子来打造自我。个体是在他者的环境中建构自我，特别是在父母养育的环境中。一般来说，内化父母指导者的心理过程与内化角色榜样的过程有所不同。内化的主要方法有：内射（introjection）和融合（incorporation）。指导者主要通过内射而被内化，因为他们完整地投入射到个体的生命中（Wallis & Poultionn，2001）。因此，在个体的内部世界，内射成了父母指导者的一个表征。在某种意义上，通过内射所内化的不仅是指导者的表征，它还内化了个体与指导者之间的关系。个体很可能参与了与指导者的内部表征之间的对话。

与指导者的内射不同，对角色榜样的认同是融合式的。虽然进行内射的个体也接受了父母的一些特征，但他们从不将其接纳为自己的选择。相反，个体把认同体验为自由选择，选择了那些反映了他们方方面面的对象。对榜样的认同是自我建构的核心过程。个体为了模仿榜样而改正自我，但榜样仍然是外部的，不像指导者是一个内部他者。在某种意义上讲，孩子对指导者的建议是接受（take in），而对他们认同的榜样的一些特征是接纳（take on）。指导者是作为认知对象，储存在个体脑中的人物表征。而榜样是作为概念被吸收，用来改变个体和构建自我。认同包括有意识或无意识地改变自我来模仿榜样。认同的词源是 idem，在拉丁语里是"同样的"

的意思。认同，或者说模仿某些榜样的过程，发生在自我融合的时候，把他人的某些特征永久地植入自我当中。个体找到榜样的一些特征，然后以此来指引自己的生活，完成相似的目标。这样做是为了解决他们自己的问题，找到并模仿那些榜样的行为曾解决了他们现在生活中所面临的问题。

有些指导者，即父母，有意为他们的孩子提供可模仿的榜样。例如，小说家布莱德·迈尔泽（Brad Meltzer）解释说，他为儿子选择模仿榜样的历程耗时且艰难。为了激励儿子，他出版了《写给儿子的英雄故事》（*Hero for My Son*）一书（Meltzer，2010）。当然，书中也有他自己的英雄，例如，发明了超人（Superman）的杰里·西格尔（Jerry Siegel）和乔伊·舒斯特（Joe Schuster）。迈尔泽写道，这两个年轻人虽然算不上富有、漂亮或者受欢迎，但是作为拥有共同梦想的一对好朋友，他们给这个世界带来了一些信仰。连环画的读者可以从《认同危机》（*Identity Crisis*）中知道布莱德·迈尔泽，这是一套关于正义联盟的 5 册系列书籍（包括超人；Meltzer，2005）。然而，我们必须怀疑孩子们选择父母的角色榜样作为自己偶像的可能性有多大。

### 榜样和指导者的融合

向来访者询问角色榜样时，最好能让他们举出三个人物。因为来访者的自我和自我概念是对指导者影响和榜样认同的复杂融合。举个例子可能更清楚点儿。当西格尔和舒斯特设计人物角色时——也就是后来的超人，他们找了很多人物特征，将其整合到他们的超级英雄身上。最终，他们的超人有着泰山（Tarzan）的头发，闪电侠戈登（Flash Gordon）的外套以及举重运动员的黑色靴子（Nobleman，2008）。观察来访者回应中对三个角色榜样的描述时，咨询师应该认真思考，来访者如何把这些特征或角色的碎片整合进一个整体的、统一的自我。来访者用来描述角色榜样的形容词，实际上代表了他们自我选择的性格。角色扮演或榜样模仿，调动了来访者的兴趣和行动，鼓励来访者发展技能和树立自信，解决成长过程中遇到的问题。在青少年期和成人早期，个体不断对他们所选择的认同角色进行整合，并最终达到协调统一。这个过程并不是简单相加，而是一种综合和建构，把各种精华聚集起来从而产生一个整合的方案来解决成长过程中的问题。

　　在我撰写本章内容时，刚好发现两个例子，可以说明个体如何通过认同角色的融合来完成自我建构。当你读到《60分钟》（*60 Minutes*）的制作人唐·休伊特（Don Hewitt）和大法官索尼亚·索托马约尔（Sonia Sotomayor）的故事时，你会发现他们都各选择了一名男性和一名女性作为自己的榜样。首先，我们来看一下唐·休伊特的榜样。2009年8月23日，电视节目《60分钟》（CBS，2009）播出了一期纪念该节目制作人的专题，因为唐·休伊特8月19号刚去世。休伊特把新闻和娱乐相结合制作了一档电视新闻杂志《60分钟》。休伊特的童年是在纽约度过的，他在电影中寻找自己的榜样。他认为搞恶作剧的人是有勇气打破常规的人。休伊特评论道，"我不知道我是想成为朱利安·马什（Julian Marsh），还是希尔迪·约翰逊（Hildy Johnson）。前者是专横的百老汇导演，他在大萧条时期创作了不同凡响的音乐巨作，攀上了事业高峰。后者是《星期五女郎》（*His Girl Friday*）的记者"。《第四十二街》（*42nd Street*）中的剧院经理朱利安·马什被镁光灯和百老汇广告女郎所簇拥。而希尔迪·约翰逊，像唐·休伊特的父亲一样，来自新闻圈，快速敏捷的谈话风格使她在新闻编辑部的事业一帆风顺，并从中脱颖而出。1948年，哥伦比亚广播公司（CBS）播出了第一期的电视新闻广播；那年，休伊特25岁，有一点战地报道经验。一个朋友建议他去参观哥伦比亚广播公司新的演播室。"当我走进演播室，我简直不敢相信。屋子里面都是镁光灯、摄像机和化妆师，整个场面就好像好莱坞的拍摄现场。我爱上了那里的一切。"休伊特回忆着。而最棒的事情是，他不用再为选择成为王牌记者希尔迪·约翰还是做百老汇的造星者朱利安·马什而发愁了。"我想，上帝啊，在电视台你可以同时扮演这两种角色，然后我得到了这份工作，"休伊特后来回忆道。通过制作《60分钟》节目，休伊特为自己找到了一个合适的位置，他既可以做新闻又可以做娱乐，既是新闻编辑又是节目制作人。

在入职联邦高级法院的听证会上，法官索尼娅·索托马约尔（Sonia Sotomayor）回忆她的童年时代。在很小的时候，她立志做一名侦探，因为她的榜样是南希·朱尔（Nancy Drew）——她孩提时流行的侦探小说人物。但是在8岁的时候，索托马约尔被诊断患有糖尿病，并且被告知不能成为侦探。索托马约尔回忆说，这时候另一个小说人物启发了她的下一个目标。

我发现佩里梅森（Perry Mason）做的许多调查工作，与我所迷恋的南希·朱尔的故事很相似，于是我决定作一名律师。自从做了这个决定之后，我就再也没有偏离过我的志向。（CNNPolitics，2009）

索托马约尔确定了自己的人生志向之后，开始专心投入调查性的工作当中，而不只是关注侦探的冒险活动。她哥哥胡安（Juan）注意到南希勤劳、坚韧的品质也融入到了她的性格中。

当然，并不是每个崇拜南希·朱尔的人都是被她的侦探才能或坚韧的品质所打动。《早安美国》（*Good Morning America*）的两位作者，希普曼和鲁奇（Shipman & Rucci，2009）就为我们提供了几个例子。《60分钟》的主持人戴安妮·索耶（Diane Sawyer）敬佩的是南希·朱尔的"聪明、勇敢和决断"。大法官尼亚·索托马约尔则吸收了南希的"大无畏"。《奥普拉杂志》（*O Magazine*）的资深编辑盖尔·金（Gayle King）关注的是南希的"勇敢"，她说"我总是被南希的勇敢所打动，因为我自己不是一个勇敢的孩子……我常常很惊讶她能拿着手电筒在黑暗中探索陌生地方。我依然没有那股勇气。"而女演员埃伦·巴金（Ellen Barkin）意识到的是"南希是有工作的，她是我发现有工作的第一个女性，虽然没有人支付她报酬，但她是一名有目标的女性。"

总而言之，角色榜样身上展示了一些性格特征，来访者认为这些特征对于解决他们的重大问题和执念是必要的。个体模仿、演练榜样身上的特征，因为这些特征直接解决了他们所关心的问题。这就是为什么胆小的人可以变得有胆量，害羞的人可以变得外向。如果没有恐惧，我们就不用获得勇气。如果不觉得封闭，我们也就不需尝试打开。所以，生涯建构咨询使来访者能够看清楚，自己从父母指导者那里吸入了什么，从角色榜样那里接纳了什么。

## 勾画自我

来访者对角色榜样的描述揭示了自我的核心概念。咨询师帮助来访者将这些概念合并为一幅描绘了来访者概况的言语简图。在勾画自我轮廓的过程中，咨询师通过首要性和重复性来确定核心的自我概念。来访者讲述第一位角色榜样时提到的第一件事，就是咨询师工作的起点。来访者首先提及的通常意味着它是重要的。与第一个早期记忆中提到的第一个动词一样，描述角色榜样的第一个形容词通常也是重要的特征。除了首要性之外，出现频率通常是重要性的标志，因为频繁出现即是对重要自我概念的强调。咨询师回顾来访者对三位角色榜样的描述时，可以把重复出现的词或相似的短语圈出。基于首要性和重复性获得一系列与自我相关的描述之后，咨询师便可简明而精准地描述来访者自我概念的特征。在随后关于舞台和脚本的故事里，咨询师可以仔细倾听来访者是如何使用这些特征的。

　　举两个例子来说明。第一个例子来自一位内科医生，她来寻求咨询的原因是她不喜欢临床医学。她的第一位角色榜样是她的邻居夏普医生（Dr.Sharp）。她对夏普医生的描述是：他很善于让一切维持良好运转，打造了一系列社区活动，很关照邻里，也很热心社区事务，同时又拥有一个没有冲突的和睦家庭。当我说这一切听起来更像是社工而不是内科医生时，她说这正是她的问题所在。于是，在适当的时候，她结束了临床医生生涯，成为一家医学院管理学生的副院长。这份工作需要她的医学博士学位和内科医生经历，更重要的是体现了她的自我概念，可以为学校创建仪式、打造传统，解决冲突、维持和睦，让学院往好的方向运转，为学生、教员和职工营造集体感。

　　另一个例子来自一位非裔美国来访者，他是一位摄影师，想通过咨询来讨论是否适合自己创业。他崇拜的人物是巴勃罗·毕加索（Pablo Picasso）和迪兹·吉莱斯皮（Dizzy Gillespie）。来访者称他的人生就以迪兹为榜样，忠于自己的同时奉献他人。他对毕加索的崇拜之处是毕加索改变了人们的视觉感知。来访者在当地一家爵士俱乐部每周表演一晚，他说他要在那里改变人们对音乐的感知。他最后决定开一家摄影工作室，然后用自己的方式来"奉献他人"。

### 处理秘密

有时候，来访者记得儿童期的重要人物，是因为他／她还在跟自己的过去纠缠。他们试图将童年期形成的习惯化的错误观念移除，这些错误观念正是童年生活中的重要他人给予的。在这个挣扎的过程中，来访者有时候会对咨询师吐露他们不曾跟外人讲过的故事，这个秘密构成了他们生活的全部。这些秘密往往与性虐待有关。一位非裔美国社工前来寻求咨询，因为她不确定是否应该接受一份管理岗位的工作。她的角色榜样是女演员多丽丝·戴（Doris Day）、她姑姑海瑞特（Harriet）和八年级时的老师伊万斯女士（Mrs. Evans）。她形容多丽丝·戴是一位可以指挥男人并且按自己的方式生活的女人，她是一个快乐的人。海瑞特姑姑在学校教书，很聪明，"她做过的事情，都做得很出色。"伊万斯女士受过良好教育，拥有很好的价值观和生活原则。从这些描述中，我们推测来访者的自我概念包括：独立、教育、热忱、正直。她用另外一些故事证实了我们的推测，同时得出了自己的结论。来访者认为，作为果断、独立的事业女性，她可以成为一名出色的管理人员。换言之，这次推荐的升职可以实现她的自我概念。

　　尽管首要性和重复性是指出重要自我概念的常规手段，有时候略去不谈的内容也有同样的作用。来访者没有提到海瑞特姑姑哪些事情没有做好，只是强调"她做过的事情，都做得很好"。我问来访者海瑞姑姑有什么事情没有做好，来访者很犹豫地告诉我，初中的时候海瑞特姑姑的丈夫曾强暴了她很多次，海瑞特姑姑知道这件事，但是什么都没做。除此之外，海瑞特姑姑在其他方面的表现都是她的榜样。她做的事情，都做得很出色。而正是因为她没有为侄女做的这件事促使来访者选择从事为他人服务的职业，她要为别人做姑姑没有为她做到的事。来访者也解释了她如何用另两位角色榜样多丽丝·戴和伊万斯女士帮助自己解决这个问题。她从她们身上学会了不受男人支配，培养足够的正直和勇气来为自己和其他女人而战。作为一名社工，她帮助了很多遭受虐待的女孩和女人。她相信成为管理人员和倡导者，可以让她更好地影响与受虐妇女相关的公共政策和专业服务。她还将告诉那些像海瑞特姑姑的丈夫那样的男人何去何从。

第二个相关的例子来自一位西班牙裔的行政人员。他的第一位角色榜样是一位很和善的邻居。他曾经非常尊敬他。但不幸的是，在他小时候，一次看完电影走在回家的路上，这位他信赖的长者把手伸进了他的裤子。这位小男孩没有跟任何人透露过这件事情。后来，在一次关于他为何丧失激情的咨询中提到这件事。来访者说，虽然他喜欢他的工作，但是还是觉得缺少了一些很重要的东西。当然，讲述了这个之前不能讲的故事之后，来访者抚慰了自己长久以来的伤痛。这个秘密的揭露激发了来访者去帮助受虐男童的动力。他用空余时间完成这项工作，将之打造成了一个重要的社区项目。这项志愿工作修补了他内心的空洞，也让他更享受他的日常工作。这两个例子显示了来自过去的秘密会对当下的生活产生影响，以及生涯建构咨询可以如何帮助来访者修复童年创伤。

### 为问题找到解决方案

在上面的例子中，我们可以很清楚地看到，那位社工的角色榜样帮她找到方法解决成长路上遇到的问题。事实上，对每位来访者来说，角色榜样都为他们早期的问题或持续的执念提供了解决方案。所以，生涯建构咨询师必须致力于理解来访者的角色榜样如何解决了他们早期记忆中阐述的问题。咨询师总是试图将来访者的自我概念直接与最早记忆相联系，然后确定这些特征是如何处理其执念的。正是从这里开始，咨询师对来访者的生活模式和经历形成初步认识。过去的问题从未被彻底超越或替代，它保留在人们的内心深处。精神分析学家汉斯·罗耶瓦尔德（Hans Loewald，1960）曾评论，心理治疗就是将"鬼魂"转变为"祖先"[1]。这也是咨询师对早期回忆中的执念要做的事。咨询师将来访者自我建构的故事进行重新编排，成功地回应来访者早期回忆中显现的问题。这样做是为了帮助来访者了解他们如何建构自我来应对问题和执念，也为了安抚自己的焦虑。咨询师将早期记忆与角色榜样结合，为来访者呈现出他们建构的自我如何成为可以解决自身问题的英雄。那个自我的实质即是所遇到的问题的解决方案。举个简单的例子，当恐惧的早期经验与勇敢的角色榜样连接，恐惧便可以被勇敢克服。简单地说，早期记忆中潜藏着问题，而角色榜样身上映射的自我可以提供解决方案。为了更清楚地说明这点，并让读者有机会练习如何追踪人物弧线，下文中我们将呈现三个例子。

---

[1] 有将孤魂野鬼送回家的意思。——译者注

第一位来访者的人物弧线从无助转向充满希望。她报告了以下三个早期回忆：

我记得我掉进了叔叔的游泳池，但我不会游泳，慢慢地沉到了水底，然后看见有只胳膊把我拉出了水面。我那时很害怕，很无助。

我记得学骑自行车的过程充满挫折，我爸爸一直催促我去骑，但一开始我觉得很害怕，后来发现我能自己骑了，觉得很开心。

我记得有次爸爸下班回来，我从床上蹦下来去门口迎接他，很高兴他终于回来了，我觉得很安全，有人保护的感觉。

注意前两个回忆中带有无助的感觉（两个故事中重复提到），沉入水底，感觉害怕。在家她觉得很安全、受保护，虽然父亲会迫使她去学骑车，学成后她觉得很开心。她的第一个角色榜样是《绿野仙踪》（LeRoy & Fleming，1939）里的桃乐西（Dorothy），因为她"很独立，并且能帮助其他人获得他们生命中缺乏的东西"。她有勇气与邪恶的巫婆战斗，也有勇气去探索未知的世界。桃乐西塑造的是独立和勇气，而非无助和恐惧。来访者可以去往其他地方，为其他人做父亲曾为她做的事情——帮助他们获得他们生命中缺乏的东西。来访者的这些预演为她成为一名心理治疗师做了充足的准备，在这里，她可以为其他人提供一个安全基地，并鼓励他们去探索不同的世界。今天，她是帮助他人解决问题的人。

第二位来访者的人物弧线从不信任他人转向相信自己。她报告的早期故事是：

我那时上幼儿园，还很小，我记得和妈妈发生了争执。当时我们在车里，妈妈和阿姨决定告诉我圣诞老人是假的。她们这样做的理由是，不想让我长大了以后以为耶稣和圣诞老人一样是一个圣诞神话。我记得我当时很伤心，很愤怒。我希望继续相信圣诞老人的存在，我觉得妈妈掠夺了我儿童时期的信仰，以至于现在我觉得很不适应。我还没有准备好放弃相信圣诞老人。

这位来访者崇拜的是灰姑娘（Cinderella），因为"她克服了那么多困难。她很真诚、善良。周围的人没有善待她，但是她始终如一，也没有因此放弃梦想"。对这位来访者来说，灰姑娘塑造的榜样告诉她如何在他人的不合理对待中自处，以及如何用真诚来回应不适应的感觉，同时始终保有真实的梦想。她的预演帮助她成为了一名演员，尽管事业并非一帆风顺，她仍然坚持梦想。现在，她相信自己。

第三位来访者的人物弧线从冲突转向和解。她报告的早期故事是：

我记得哥哥不听爸爸的话，要离家出走。他们越吵越凶，开始在楼上的走廊里拳脚相加，甚至在地上厮打。我记得我妈妈冲他们大喊让他们停下来。我很害怕看到发生这样的事情，害怕看到他们两个人都这么生气。我觉得很无助，因为我只能在一旁看着。我希望他们快停下来。

她崇拜的第一个角色榜样是《蓝精灵》里的蓝妹妹（Smurfette），因为：

她总是很乐观，即使在逆境中。她协助其他蓝精灵完成他们各自的任务。她对每个人都很友善，即使对方对她不好。而且她经常能对环境作出正确的判断，提出最好的看法，告诉其他蓝精灵一些人生道理。

她的第二个角色榜样是《布偶娃娃》（*Muppet Babies*）里的妈妈，因为：

她一出场就是来帮助人的。她照看着所有的孩子，当孩子们淘气捣蛋了，她能教导他们不同的做法。当她离开后，所有的布偶娃娃都会表现出好的样子来，因为这些都是她说过的。

因为蓝妹妹和布偶娃娃的妈妈塑造的榜样都是关于处理愤怒、冲突和恐惧的，来访者从无助地旁观转变为使用她乐观的个性和传导人生道理来帮助冲突中的他人。蓝妹妹和布偶娃娃的妈妈等预演帮助她成为一名大学宿舍管理员，在这份工作里，当学生遇到麻烦时，她能提供新的角度来解决问题。前文提及的心理治疗师、女演员或宿舍管理员都找到了一个职业环境，在其中他们可以做真实的自己，并能够将个人的解决方案用于工作。评估程序的下一个任务是，找到来访者可以将自我置于故事中的有趣环境。

# 7

## 环境、脚本和场景评估

CHAPTER SEVEN

清楚地阐述来访者的自我概念并找到他们的人物弧线之后，咨询师开始进入评估方案的第四步。他们通过来访者喜爱的杂志、电视节目或浏览的网站中包含的信息，来评估来访者的教育兴趣和职业兴趣。这些间接的环境暗示了来访者偏好的工作场所和喜欢的职业环境。要记住，inter est 这个词意味着"在两者之间"。兴趣（ interests ）把个体的意义建构过程与维持意义的社会生态联系起来。职业兴趣之所以重要，是因为它引导着来访者的行为取向。来访者的目标就是选择并获得最有优势的工作环境。不同的工作环境有不同的要求、日常事务和报酬。理想的工作环境可以包容来访者的优势和不足，把他们带入愉快的日常工作并给予激励性的报酬。正如小说中的人物必须与书中描写的环境匹配，职业生涯也是如此，自我和环境必须和谐一致。霍兰德（Holland，1997）称自我与环境之间的和谐为一致（congruence ），而罗奎斯特和戴维斯（Lofquist & Dawis，1991 ）称之为对应（correspondence），意味着人与环境之间互相呼应。舒伯、斯塔谢夫斯基、马林和乔达安（Super，Starishevsky，Matlin and Jordaan，1963）喜欢用融合（incorporation）这个词，意味着环境必须能够让个体的自我得到展现。生涯建构理论认为，职业环境应该为个体提供一个支持性的安全场所。

生涯建构理论把职业环境比拟为一个抱持性的环境，强调环境的动态性和核心功能。职业环境并不是一块静止不动的幕布，也不只是自我画像的边框。环境代表的是一种文化背景，在其中有些事可行，有些事不可行。当环境为行为开辟各种可能时，它既给予了支持又提供了限制。此外，环境也需要特定的角色和典型的员工。比如，教室里需要拥有社交技能的人，汽车商店里需要懂得机修的师傅。

## 场所、人物、问题和程序

为了帮助来访者找到合适的职业环境，咨询师可能要从四个方面分析吸引来访者的环境特点：场所、人物、问题和程序。咨询师希望通过评估下面的内容来了解来访者：喜欢在哪里工作，喜欢和哪些人一起工作，喜欢处理哪些问题，喜欢使用哪些程序。

个体对工作场所的偏好可按以下维度区分：户外的或户内的，干净的或杂乱的，整洁的或混乱的，活动的或久坐的，孤立的或群体的，安全的或冒险的。例如，如果一个人喜欢户外、干净、整洁、久坐、孤立和冒险的工作环境，那么卡车司机可能是一份理想的工作。根据来访者对关于杂志、电视节目和网站的这个问题的回答，可以明晰地看出他们对工作场所的偏好。

相比工作的物理空间，对同事的偏好虽然不明显但更重要。正如施奈德（Schneider，1987）解释的，"工作环境是由人创造的"。所以，工作环境中最重要的元素是在那里工作的人们。组织文化反映的是在一起工作的人的独特结合。来访者在职场中必须是受欢迎的并与其他人互动良好。这个观念有时候可以用"物以类聚，人以群分"这句谚语来表达。简言之，工作环境吸引、选择和保留了拥有共同价值观的人。

这里有一个来自生涯咨询面谈中的例子，可以说明个体如何辨别有趣的工作环境并激发趋向行为。来访者是一位想要申请研究生课程的大三的学生。当我问他如何选择本科专业的时候，他的回答和施奈德（1987）的吸引—选择—消耗理论（attraction—selection—attrition theory）很吻合。这位同学说，大学第一学年两个学期他选了10门课程。他选的这10门课程来自不同的院系。在这两个学期里，他把到达每门课上课地点的时间和离开时间都记录了下来。他认为他应该选择最早到达教室且最晚离开的那门课程作为自己的专业。把花费时间排第二的课程作为自己的辅修。我问他这样做的依据是什么。他说花费在某个环境中的时间长短反映了他对这门课程老师和同学们的喜欢程度。他相信他应该在这样一个环境中学习，即这里大多数人都是他所喜欢的。他知道自己所处的这个环境是吸引他的，并且他喜欢与那些同学交往。

事实上，环境不只是吸引、选择和保留了员工。它们还可以在不同程度上以可预见的方式重塑员工。通过职业社会化的过程，共事的人们通过在一起工作逐渐趋于相似。通过这个社会化过程，员工获得了所在职业群体的价值观和态度。个体最初被工作环境所吸引，随后在这个环境中工作时产生了归属感。环境塑造个体行为的同时，个体也在适应环境对他或她的要求。利特尔和约瑟夫（Little & Joseph, 2007）在他们的社会—生态适应模型中提到"相互的自我"

（mutual self）这个概念。他们描述了个体如何必须在个人性格和环境元素之间协商，从而形成有意义的目标，追求生命的核心任务。他们举了个例子，内向的员工在重要的商务会议中可以作出热情、激昂的演讲，多次经历类似的场合之后，他或她可能真的变外向了。所以，在选择工作环境的时候，人们不应该只选择恰好适合自己的，而应该选择通过职场能激励自己成长的环境。

确定工作场所和同事类型的过程，通常可以为即将探索职业世界的年轻人提供充分的方向。例如，中学生的探索可能集中在这两个维度就已足够。然而，随着他们的成熟，兴趣逐渐分化。这时通过工作场所和同事类型来划分工作环境，就不足以支撑进一步的探索了。青春后期和成年早期的人们必须找到更细的分化。所以，在特定的工作场所和人群中，我们还应该关注问题和程序。（解决）问题指的是工作者对社会的贡献，程序指的是工作者解决问题的方式。举例来说，如果来访者喜欢在室内的环境中与关注社会的人一起工作（比如教师），他们仍然需要决定教授的科目和年级。对教学感兴趣的人还需要作更多细化的选择，如学生的类型（如年龄、能力水平、社会经济地位），还有他们偏爱的教学形式（如讲座、小组讨论、计算机辅助教学、独立学习）。对医生和心理学家来说也是一样的，因为他们必须从众多的专业方向中作出选择。例如，儿科医生和病理医生面对的问题和处理方式截然不同，健康心理学家和组织心理学家也是如此。

## 职业兴趣分类系统

工作场所和职业环境如此之多，以至于咨询师要采用一种简便易行的分类系统来界定和汇总来访者喜欢的环境。最流行的两套分类系统是美国大学考试（2011）的工作世界地图（World-of-Work Map）和霍兰德（1997）的六边形（RIASEC）工作环境分类系统。每一种分类系统都提供了一个描述不同工作环境的词汇表和相应的知识系统。美国大学考试的工作世界地图提供了一种常识性的分类表。它由两个有趣的两极数轴构成：人与事，观念与数据。你可以在两个数轴所构成的四个象限之中找到职业和大学专业的精确定位。

绝大多数的咨询师喜欢使用霍兰德（1997）的六边形工作环境分类系统，因为该系统的假设是：环境是由人定义的。基于支配工作环境的人物类型，高佛森和霍兰德（Gottfredson and Holland, 1996）将人划分为以下六种主要编码：对应于机械和户外环境的现实型（Realistic），对应于科学和分析环境的研究型（Investigative），对应于创造和审美环境的艺术型（Artistic），对应于抚育和教育环境的社会型（Social），对应于管理和政治环境的企业型（Enterprising），以及对应于办公室和系统化环境的常规型（Conventional）。简单的一个字母，就能大致勾勒出工作环境的面貌。它以经济、简要的方式总结了工作环境及其内涵。在大致分类后，可以通过增加第二或第三个编码，对工作环境进行更细致的描述。例如，在我所工作的教育学院，健康教育和职业教育属于社会—现实型；运动科学和听力学属于社会—研究型；早期儿童教育和特殊教育属于社会—艺术型；娱乐管理和健康护理管理属于社会—企业型。增加第三个编码则进一步强调了每个学科的专业性。例如，以上述学院为例，咨询教育专业招收的学生基本都属于社会—艺术型。但是，第三个编码可以将这些学生进一步区分，去学校工作的属于社会—艺术—企业型，去社区机构工作的属于社会—艺术—研究型，去康复机构工作的属于社会—艺术—现实型。

　　对来访者在生涯故事访谈中回答进行评估时，咨询师可以把杂志、电视节目和网站转化为六边形分类。例如，《人物》（People）杂志是社会型的，而《名车志》（Car and Driver）是现实型的；《房屋》（House）是一个研究型的电视节目，《老房子》（Old House）是现实型的节目。如果很难从中看出个体喜欢的职业环境，咨询师可以使用职业信息分类系统来寻找答案。例如，使用六边形特征词汇来了解来访者的兴趣，可以让咨询师比较容易在霍兰德职业编码词典（Gottfredson & Holland，1996）或网站（http://online.onetcenter.org）上找到与来访者匹配的职业。


## 脚本：整合自我和环境

　　环境提供了背景（context），但是脚本产生文本（text）。评估过程的第五步，咨询师关注来访者如何在偏好的环境中衍生出可能自我。在自我适应环境之后，个体需要投入行动。为了确定来访者的脚本，咨询师需要检验来访者最喜欢的故事（来自某本书或某部电影），从而了解来访者复制的文化故事和他们生命中回响的真实。来访者从社会群体提供的原版叙事中改编脚本。生活在特定文化中的个体，自出生之日就进入阐释社会运作和生活规范的对话中。先辈留下的故事和神话代表了个体处理生命中遇到的问题或转折点的原型。因此，植根在原版叙事中的传统社会提供的象征资源，可以帮助个体设计生活并成为特定文化中的成员。个体使用这些脚本来理解他们自己的经验并作出选择（Bohn & Berntsen，2008）。

当个体把个人叙事与那些渗透在社会历史背景中的相似故事编织在一起时，文化叙事就变成适合个体的复制品了。脚本便从文化叙事中诞生或居住于其中。随着社会把它的客观社会结构反复灌输进个体的主观经验，这种"习性"（habitus）（Bourdieu，1977）便产生了。因此，这种习得的意义建构习性是一种社会化的主体性。

生涯建构咨询师关注来自来访者所寓居的文化库中的叙事，因此他们对多元文化和个体差异保持着敏感。虽然每种文化都有各自的主流叙事，但是文化在（用于解释经验的）自我构成的概念上千差万别。塑造自传记忆的社会互动的文化形式不同，自传记忆的内容也会不同（Fivush，2011）。西方文化倾向于塑造详细的叙事，不仅强调个人的能动性，还强调个体的活动、想法和感觉。相反，东方文化倾向于塑造简洁的叙事，强调与集体需要相关的个体活动以及个人对集体规范的遵守。理解一种文化意味着理解该文化所提供的标准故事，并观察人们如何在自己的生活中复演这些故事。

尽管存在文化差异，生涯建构咨询似乎在不同的国家都很适用。当然，在具体的技巧方面会有所差异。从我个人的观察来看——虽然经验有限——在冰岛将生涯建构与萨迦传统（sagas，尤指古代挪威或冰岛讲述冒险经历和英雄业绩的长篇故事——译者注）融合也很奏效，如同在其他有深厚口述故事传统的文化中的运用一样，如非洲、中国和加拿大的本土居民。在澳大利亚，生涯建构咨询的效果不错；不过在信奉枪打出头鸟的国度，关于角色榜样这个问题必须小心措辞。在葡萄牙，咨询师必须注意，不要因为过分强调个体须为自己的问题负责而去"责怪受害者"。然而，只需少许地调整，生涯建构咨询就可以在不同国家中实施运用。

在每种不同的文化背景中，咨询师必须倾听对个体及其生活产生影响的故事。咨询师需要了解来访者采纳了哪个故事来组织他的抱负和行动。因此，咨询师可以通过询问来访者最喜欢的故事（通常是一本书或一部电影）进行了解。当来访者说出书或者电影的名字后，咨询师可以请来访者简要讲述这个故事。他们想要听到关于故事的细节，或者那些假定来访者的生活中有一个神话的故事。来访者的个人神话会成为有力而灵活的隐喻，暗示着来访者在社会中的前进方向。

故事使个体习得的生活经验得以沉淀，而且，这些经验通过创造出联系过去成就和未来行动的场景，为个体指出了一条穿越迷茫

的前进道路。故事能提供意义和连续性，个体通过故事的形式紧紧
把握住自我，从而能追求生活意义、实现首要目标。作为神话，这
些故事容纳了个体并保持了自我。外部环境提供的是客观支持，而
内部的故事提供的是主观支持。作为故事的生涯能够维持意义、稳
定情绪、塑造经验、安抚焦虑，并为个体的探索提供了空间。就生
涯故事对个体的支持性来说，它们能够应对职业发展任务、职业转
变和工作创伤。在这些变化中，作为故事的生涯起到了稳固意义和
平复情绪的作用。通过从过去中召回抚慰，故事能帮助个体面对转
折带来的不确定性。故事能够指引个体面对危机，去挑战生命转折。
故事让个体可以总结经验，反思其意义，然后选择如何前行。

　　咨询师知道来访者已经从社会编写的设计菜单中选取了一些叙
事（McAdams，2008）。咨询师倾听来访者的故事时，就像在读一
本书一样思考来访者的人生。他们想让来访者讲出情节、关键场景
和转折点。故事中的神话和隐喻为界定来访者的问题提供了工具。
不要执着于问题本身而聚焦于故事，这样能解决想象中的危机。这
个过程释放了个体的能量，为未来的创造性行动提供了选择和可能
性，特别是当来访者和咨询师把故事当作邀请而非处方时。这个邀
请内隐在来访者的故事里，因为最喜爱的故事并不是随机选择的。

　　咨询师的工作就是展示如何用故事情节来解决当前困境。那些
容易吸引来访者的书，很可能是因为书中主人公经历了与他们类似
的问题。来访者最喜爱的故事表明了他们自己的处境。而且，最喜
爱的故事也指出了一个走向未来的脚本。来访者能够从脚本对问题

的描绘和处理中找到鼓励。故事的脚本可以安慰来访者，因为他们从另外一个人身上学到该如何应对相同的问题。简言之，最喜爱的故事提供了一个对来访者来说很受用的生活脚本。优秀的文学评论家肯尼斯·伯克（Kenneth Burke，1938）称故事为"生命的装备"。故事为个体提供了一种解决难题的方法，这些方法可以促使他们继续前行。例如，一位变性的来访者最喜欢的书是《异乡异客》（*Stanger in a Strange Land*）（Heinlein，1961），她说，这本书教她去研究自己所在的文化并鼓励自己用行动改变它。这个故事为她点燃了一盏指路明灯。19 世纪的哲学家和教育家布朗森·爱尔考特（Bronson Alcott）曾经高度评价《天路历程》（*The Pilgrim's Progress*），"这本书让我走进了自己……它影响了我的思考和说话方式。它是我最好的老师"（引自 Brooks，2006）。

最喜爱的故事可以从孩提时代就存在，跟角色榜样一样持久。例如，歌手多莉·帕顿（Dolly Parton）把《勇敢的小火车》（*The Little Engine That Could*）作为自己最喜欢的故事，并且一直如此（Parton，2010）。一名律师，在职业生涯末期来寻求帮助，为退休作好打算，他告诉咨询师，只要他感到沮丧或者失败，他就会去沃尔玛买一本《勇敢的小火车》。与帕顿一样，他从中得到了巨大的鼓舞和安慰。导演沃尔特·迪斯尼（Walt Disney）永远不会忘记孩提时代读过的《雷穆斯舅舅的故事》（*Uncle Remus Stories*）（Harris，1881）。欧内斯特·海明威始终被马克·吐温的《哈克贝利·费恩历险记》（*Huckleberry Finn*）所吸引。根据哈克的脚本，海明威创作了他的另一个自我——尼克·亚当斯（Nick Adams，海明威作品《尼克·亚当斯故事集》中的主人公，这部作品有明显的自传性质，因为尼克与海明威有着许多相似的经历。——译者注），想要弄清人类到底是怎么回事以及他们如何一起生活。

虽然一些来访者报告的是时间久远的脚本，但也有些来访者会报告近期最喜爱的故事。他们会采用新的脚本来解决他们的问题，因为旧的故事已经不能被理解了。所以一些来访者会讲述当今的故事，比如《棚屋》（*The Shack*）（Young，2007）或《弱点》（*The Blind Side*）（Hancock，2009）这样的书。采用新故事的便利性使个体能够更为灵活。通常来说，角色榜样还是一样的，只是出现在新的故事当中。在新故事中融入老角色，阐释了生命的稳定性和变化性。我偶尔会要求来访者追溯他们最喜爱的故事，从孩提时代、青春期，成年早期直到中年期。这样的练习揭示出一个真理——如梭罗（1854/1992）在对读书的观察中所说的："有多少人因为读一本书而开创新生活！书籍的存在或许是为了解释我们的奇迹并孕育新的奇迹"（p.56）。我们来看一个例子，看看在人生不同阶段的重要书籍是怎么变化的。读者不妨看一下来自鲍德斯书店（Borders bookstore）的系列丛书《架子的沉沦》（*Shelf Indulgence*）中的一节（Borders，n.d.），其中作者和艺术家们分别描述了他们最喜爱的书籍。女演员杰米·李·柯蒂斯（Jamie Lee Curtis）告诉我们，她孩提时最喜欢的书是《前进吧，大狗！》（*Go, Dog, Go!*）；青少年时期，换成了《鼠王》（*King Rat*）；青年时则是《幕府将军》（*Shogun*）；中年期她读的是《英国病人》（*The English Patient*）。在讲完每本书对她的影响之后，柯蒂斯这样说："我想那就是我"（Borders，n.d.）。如果把故事顺序分析（Arnold，1962）应用到书本的情节中，我们可能会推测出这样一系列事件——从发展关系到感受孤独和对抗权威，然后到理解对方，最终重新和解。

## 故事：生命的装备

青少年时期的西格蒙德·弗洛伊德为我们提供了另外一个好例子，他也在文学作品中找到自己问题的解决方案。弗洛伊德（1915）曾写道，"在幻想的国度里，我们可以找到我们需要的各种生命"（p.291）。小说家塞万提斯为弗洛伊德提供了角色榜样和脚本。与塞万提斯一样，弗洛伊德也经历了对自己父亲敬佩之情的幻灭。起初，弗洛伊德把他的父亲看作一位有力量和智慧的男人。但是，当父亲告诉年轻的西格蒙德，他在反犹太的恶棍面前的表现是如何卑微时，西格蒙德痛苦地感到失望与幻灭（Jones，1953，pp.7-22）。弗洛伊德在塞万提斯（他也在父亲身上目睹了软弱）身上找到了应对这一幻灭的角色榜样。弗洛伊德在塞万提斯身上找到了完美的典范，并投身于追求自我认识之中。从小说《唐吉珂德》（*Don Quixote*）中，弗洛伊德懂得了英雄必须"战胜自己，这才是最高的胜利"（cf. Don Quixote Part Ⅱ，Chapter 72）。弗洛伊德创造了他的职业生涯，在那里他不仅可以战胜自己，而且可以帮助别人成为他们生活中的英雄。采用塞万提斯的小说《狗的对话》（*Colloquy of Dogs*）（Cervantes，1613/1976）的脚本，弗洛伊德学到了对理性思维的质疑（Kinney，2007），他还从中借用了司丕林（Cipión）的名字。这是塞万提斯以对话的形式撰写的中篇小说，其中贝尔甘扎（Berganza）把他的生命故事讲述给司丕林听，司丕林在听的过程中会打断进行评价、批评和进行哲学探讨——这些开启了心理动力分析和心理咨询核心内容的序幕（Riley，1994）。

来访者的角色榜样中描绘的自我与其最喜爱的杂志或电视节目定位的社会环境，通过他们最喜爱的故事的概要统一起来。它把生活中分散的元素整合成一个动态的整体，这个整体把个人承诺与社会世界中可识别的角色联系起来。举例来说，一位年轻女性想摆脱母亲的管教，她报告的最喜爱的故事是一个女孩自驾航海的事情，而这也正是她后来从事的工作——周游全国。一位即将改行做档案管理员的男性，报告说他的最喜爱故事是《华氏451度》（*Fahrenheit 451*），这是一个关于人民阻止书籍被焚烧的故事（Bradbury，1987）。简言之，在评估的这个阶段，咨询师开始为来访者（尤其是早期记忆中带有执念的个体）创作试验性的同一性叙事，在叙事中，来访者的自我进入所偏好的环境，并执行一个能够提升生涯的脚本。生涯咨询的目标是让来访者剪辑并采用这个故事线索，提高自传能动性，以此来处理任务、过渡和创伤。

　　除了把自我与环境联系起来之外，脚本还应与早期回忆紧密相连。前文提及，生命画像所展示的自我，即是处理早期回忆中的执念所需的各种个人特征。脚本让自我投入行动。它展示了来访者变消极为积极的故事线索，这样做使来访者释放了执念、解放了自我。我们还提到过，生涯建构理论中的叙事范式有一个撰写宏观故事的特定程序。它追踪了一个人如何从被问题影响到影响问题的转变过程；它描绘了来访者在重新讲故事时体现的主动掌控。它以最简洁的形式、最少的词汇告诉我们——一位来访者如何从问题过渡到解决方案。

　　例如，一位女性来访者讲述了一个故事，她作为家中最小的孩子，与四个比她大的哥哥生活在一起，每天她都需要证明自己和其他人是平等的。当她讲述自己的故事时，她的生命主题变得清晰起来——她经历了"证明"（prove）到"进步"（improve）的变化。最终，她改变了她的执念，从证明自己每天做得有多棒转变成每天都要有进步。我们的对话进行了如下讨论：当她努力工作去开拓自己的天赋并去实践自己的生涯时，她并不需要与别人作比较，而只是与自己上一次的表现作比较。在咨询中，她正在努力把自己的力量转化成一种社会贡献——进入政府部门帮助其他人改善生活。这份工作带给她的将犹如艾米莉·狄金森（Emily Dickinson，1960）的诗《拯救之乡》（*The Province of the Saved*）中所描述的："拯救之乡／应该是艺术——去拯救／通过从自身获得的技能"（p.539）。她把过去消极的经验与当下的力量以及未来的机会连接起来促使自我转变。这种转变的叙事重建或麦克·亚当斯（2008）所谓的救赎脚本（redemption script）帮助了个体去完成这种转变。叙事重构鼓励并激发来访者的自我改变和生涯转变（McLean & Breen, 2009）。

在许多情况下，生命画像应该鼓励来访者重新进入这个世界，利用脚本表达出来访者的梦想。脚本是一种整合的信息，它生成的选择既是预先设定的又是难以预料的。脚本是一个故事的精确内容，把来访者传送到未来世界。脚本也是插入和讨论情绪问题的地方，以帮助来访者准备面对未来的困难。我们来看一名非裔美国研究生最喜爱的故事。他喜欢电影《校园大冲突》（*Higher Learning*），因为这部电影讲述了一名大学新生坚持不懈渡过难关成为一名成功人士的故事（Singleton, 1995）。

## 解　构

个体作为文化的承载者，有利有弊，在这里必须加以提醒。文化脚本明确地表达了主流思想，通过某种发展生命的方式为同一性建构提供了支持性的方案。在一种文化中，有影响力的故事通常被视为权威。尽管文化很有帮助，但文化标准也限定了自我的可能性和个体对生活方式的选择。文化脚本强迫个体依附于文化假设、行为规范、性别刻板印象以及社会不公正。因为这些文化脚本包含了差异和矛盾，限制和束缚了人们的行为、支持有力量的结构，确定谁是重要人物以及如何重要，所以它们成为了主流或主要的叙事。

咨询师必须打破这些封闭的文本，以免延误或干扰来访者对自己心路历程的创作。职业伦理要求咨询师帮助来访者识别出他们最喜爱的故事中那些限制和束缚的方面，它们作为文化产品可能使他们的生活失真。咨询师必须时刻认真思考如何解构来访者的微观叙事，从而揭示故事中隐藏的自我限制的思想和文化束缚。他们可以通过讨论故事中被忽略、省略、忘记或没有充分表达的那些内容来解构这个故事。解构寻求的是消除故事对来访者思想未加鉴别的支配，而不是要消灭这个故事。在适当的情况下，咨询师通过突出不一致、挑战分裂和消除等级，鼓励来访者公开关于最喜爱故事的假设并质疑其确定性。然而，这个识别还远远不够。咨询师还应鼓励来访者面对生命中这些文化扭曲的影响。这个过程直接导致来访者——作为自己生活的作者——查看他们下一步要做的事情。

为了对脚本有更通透的认识并从来访者叙事中更熟练地将其识别，咨询师可能需要学习一下文艺批评（literary criticism）。一些批评家认为所有的故事都可归纳为五种不同的脚本，尽管我们对此持保留意见，但它仍很有价值。霍兰德（1997）的RIASEC分类学则关注六种脚本。例如，现实主义脚本从弱到强，艺术型脚本由抑制到表达，企业型脚本由忽略到醒目。咨询师若想了解基本的脚本可以阅读两本书。波尔第（Polti，1916）把所有的脚本模式压缩为36种脚本场景（如野心、叛变、自责、复仇、灾难、损失、救援、疯狂）。他这样做是为了帮助作家构造情节，然而他的工作也有助于生涯建构咨询师识别来访者的脚本结构。无独有偶，普罗普（Propp，1968）通过研究了 100 个俄罗斯民间故事，确定了 5 个可能的角色（例如，英雄、助人者、反派）和 31 种可能的行为（例如，欺骗、反抗、被追踪）。与生涯建构咨询更直接相关的是讨论名人出版的最喜爱的故事。咨询师可以参考两本大众读物。第一本是《此书必读》（*You' ve Got Read This Book*）（Canfield & Hendricks，2006），这本书里有 55 个人讲述了改变他们生活的书籍。第二本书是《改变我一生的戏剧》（*The Play That Change My Life*）（Hodges，2009），这本书里有 21 名剧作家和演员讲述了表演和剧场如何赋予了他们使命。

## 思考下一情节

现在，指导职业情节下一场景的脚本应该清晰了。所以我们把关注点转向列举推动进展的事件或情节（episode）。评估程序的第六步，咨询师需要思考什么因素能够诱发来访者的行动，这可以通过查看他的座右铭来实现。通常来说，座右铭是一个具有指导原则或行为规范的短语或句子。来访者最喜欢的谚语即是他们想要送给自己的智慧语言。这些隽语能够召唤行动，因为它们使来访者鼓励自己构思出进入下一场景的情节。作为一个预告性的真实，座右铭指出了通向职业情节下一场景的道路。

　　了解自我、环境和脚本对于咨询师来说是足够的，但是对于来访者来说还不够。来访者之所以寻求咨询，是因为他们在自己的自传里卡住了，不能把脚本推向下一个章节，就像作家在创作中遇到了瓶颈一样。在来访者听到自己的座右铭为自己摇旗呐喊时，这种情况表现得再恰如其分不过。座右铭是来自故事导演（如，来访者自己）的指令，在座右铭中他们对自己提出了最好的建议。一句座右铭浓缩并表达了来访者想要做的事情，帮助他们再次行动起来。这样的意图和动机，在来访者的一生中反复出现，可能会成为来访者遇到困难时的口号。从这种意义上讲，罗马皇帝康士坦丁（Constantine）的座右铭就是座右铭中的座右铭。康士坦丁为自己战斗时准备了希腊语座右铭 *In Hoc signo vinces*——"带上它，你就会胜利"（with this sign you shall conquer）。这是一句座右铭的精髓——即，以此立志的个体会克服他们的困难。然而，来访者经常需要帮助才能识别自己的座右铭中所表达的意愿。

　　每一位来访者都具备内在的智慧来引导他或她自己。浓缩在座右铭中的个人真理，其深层含义在来访者当前情况的背景中会逐渐显露。通常，隽语直接、简明地为来访者提供了他们前来咨询所要寻求的智慧。咨询师如果仔细比较来访者对座右铭与咨询可以如何帮助他们的回答，就可以明确这一点。咨询师可以帮助来访者觉察到，他们的座右铭为自己指明了要追寻的方向。毕竟，座右铭里包含的就是他们给自己最好的建议。这是一种自我治疗的形式，来访者不断告诉自己必须做什么，从而将他们的故事推进到下一个新章节，并使之完整。这种自我组织的智慧是自我帮助的最佳体现。

## 唤起行动

丹麦传记作家伊萨克·迪内森（Isak Dinesen，1979）写了一篇关于座右铭的文章，解释了座右铭如何起到自助作用。在这篇文章中，她回顾了她一生当中所借用的座右铭。她的第一个座右铭采纳于同一性形成时期。她写道，"我想那是在 15 岁的时候……各种可能性汇聚成了一种情形，我选择了年少时第一个真正的座右铭——'与其朝夕虚度，不如扬帆起航'"（It is necessary to sail, it is not necessary to live）（p. 5）。迪内森写道，"我用坚定不移的自信掌舵我的航程"（p.5）。在她后来的生活中，不同的座右铭依次起了作用："经常处境艰难，心中从不恐惧"（Often in difficulties, never afraid）和"我依然未被征服"（Still I am unconquered）（p.4）。迪内森的座右铭告诉她下一步必须去做什么。

大多数来访者隐约知道他们下一步必须做什么。有效的咨询不只是让来访者意识到他们的想法。咨询的目标是要让来访者倾听自己的智慧，并审视如何将它直接应用到自己需要咨询的问题上。听起来很简单，事实也是如此。然而，其中意义深远。鼓励来访者倾听自己建议的过程，强化了来访者创造自己在生活中的权威性。这样的过程树立了来访者的信心，因为他们意识到问题的答案在自己身上。咨询师不是作为指导来访者生活的专家，而是作为目击者来引证、阐释来访者凭直觉找到的解决方案。在与心理咨询和治疗相关的一则文化叙事——《绿野仙踪》中，桃乐西的内心一直具备返回家乡的力量，只需并拢脚后跟就可以实现（LeRoy & Fleming, 1939）。故事要传递的这个信息在故事电影版的结尾讲得很清楚：

桃乐西：噢，你会帮助我吗？你能帮助我吗？

甘琳达（Glenda）：你不再需要帮助了。你一直都有返回堪萨斯的能力。

桃乐西：我有吗？

稻草人：那么你之前为什么不告诉她呢？

甘琳达：因为她不相信我。她必须自己去了解它。

正如桃乐西意识到的，解决问题的方法并不是在彩虹之上的某个地方，而是在自己的内心。

在听来访者的座右铭时，咨询师必须把对问题的建议和来访者遇到的困境联系起来。这样就把座右铭转换成了对行动的召唤——可能会解决眼前的问题。如果读者确定了自己喜欢的座右铭，并思考了这句座右铭与他生活的关系，以及如何与他当下所面对的挑战相关，那么座右铭就可能提供了非常有用的范例。比如，一名女性（丈夫不愿意让她工作）说"打破盲目的束缚"；一名对追求梦想的工作犹豫不决的女性说"如果你不去生活，生活就不存在；如果你不去爱，那爱就不存在"；一个迫于压力去攻读医学预科的大学生说"不要被别人的期望所摆布";一名申请研究生院遭到拒绝的学生说"当一扇门关上的同时,另一扇窗户为你而开";一名迫于无奈而接受了一份远低于自己期望值的住院实习工作的医学院学生说"用你所拥有的做你能做的事情";一名在一次重要考试中失败的学生说"事已至此,那么我来做主";一位长期受抑郁症困扰的音乐家说"所有的痛苦都寻求降临于这个世界上,它们是爱的衡量标准";一位患有情绪障碍症的诗人说"浴火方能重生"(Nietzsche,1954,p.5);一位面临艰难但重要的生涯中期变动的女性管理者说"时间到了,承受单单待在花蕾中的风险比承受盛开的风险更痛苦"(没有出处,但一般认为来自阿娜伊斯·宁);一位失明的来访者说"凡事闯一闯",并引用她的英雄斯提夫·汪达(Stevie Wonder)的名言"万事皆可行"(Impossible is not acceptable);一位清楚意识到自己物质上的成功,并开始花时间和金钱去帮助穷人的律师说"轻松地去生活,让别人活得更轻松"。

生涯建构咨询师在咨询的最后 10 分钟会回顾一下座右铭。他们反复延伸座右铭的意义,以确保来访者听到他们对自己的建议。对来访者来说,明白来自咨询师的答案实际上是出自他们自己,这一点非常重要。这些答案正是他们离开咨询室时所要带走的话。他们的座右铭将会推动自己前行。看一个例子,一名年轻的西班牙女子,她前来咨询哪一个法律预科专业最适合她。但是咨询进行不久,事情就变得明晰了,其实她想成为一名心理学家,但是害怕告诉父亲的话会伤他的心。她最喜欢的谚语是:"你所做的决定了你是什么样的人，如果你不做，那你就什么都不是。"在她的生涯故事中，生涯故事前后反复出现的这句座右铭让她决定攻读心理学专业。她最终成为了一名心理学教授，向心理学学生讲授法律和伦理学。

## 规划未来场景

评估方案的第七步，咨询师需要通过头脑风暴找到可能吸引来访者的学术专业或职业名称。在之前的步骤中考虑好来访者的职业情节和生涯主题之后，潜在的场景（scenarios）通常就会不言而喻。然而，为了展示出一份选择清单，咨询师应该采取更为正式的程序。这时，经典的职业指导匹配模型：个人—职业转换的相关材料就有了用武之地，特别是那些基于人格系统的材料，如霍兰德（1997）的工作环境分类学。举个例子，把霍兰德的六边形术语应用到来访者喜欢的环境中，咨询师可以把杂志、电视节目或网页上的内容转换成职业代码。接下来咨询师就可以在《霍兰德职业编码字典》（*Dictionary of Holland Occupational Codes*）（Gottfredson & Holland，1996）中查询编码并列出一张包含合适工作的清单。例如，一个来访者报告说她经常阅读杂志《我们》（*Us*）、《明星》（*Star*）和《肥皂剧文摘》（*Soap Opera Digest*）。她最喜欢的电视节目是两部肥皂剧：《不安分的青春》（*The Young and the Restless*）和《勇士与美人》（*The Bold and the Beautiful*），偶尔会看《幸存者》

（*Survivor*）和《监狱风云》（*Oz*）。关于名人和肥皂剧的杂志代表了社会环境，电视节目《幸存者》则与耐力和身体技巧有关；而《监狱风云》，背景是安全性最高的监狱，代表了现实环境。在《监狱风云》里，许多情节都发生在强调改造和学习社会责任的实验单元中。所以，当它们融合在一起时，我们发现来访者的反应汇成了对社会—现实环境的偏好，比如，警察、教练、理疗师、家庭主妇、足科医生以及康复咨询师。这位来访者在获得康复咨询学位后，开始在职业康复机构从事职业发展专员的工作，这里的工作和环境都很符合她的社会—现实偏好。

相比而言，一名英语专业的来访者阅读《优涅读者》《诗人与作家》《国际文学季刊》《建筑学》以及《国家地理》（因为"冒险、神秘和想象"）。这些杂志强烈地流露了他对艺术环境的偏爱以及对探索环境的兴趣。所以当它们结合起来时，我们可以把来访者的反应归结为艺术—研究型，比如，作家、编辑、环境设计者、插图画家以及建筑师。现在，这位来访者在为澳大利亚的一家杂志做文案，业余时间他还编辑出版诗刊。

评估方案的第八步也即最后一步，咨询师回应来访者进入咨询的最初诉求。这个答案可能不是（通常也不会是）关于申请专业或选择职业的建议。它通常是澄清那些经常令来访者裹足不前的问题。举例来说，最近有一名来访者说："我不知道我想成为什么样的人，我是不是在浪费大学时光？"在咨询的最后，她清晰地说明了一种折中的办法，她决定去上法学院，同时为成为一名社区咨询师而接受训练。一开始时，她说正在考虑放弃咨询专业。在咨询后期时，她承认自己并不打算真的放弃。这个只包含一次面谈的咨询对她来说非常有用，因为她看到了她总是想为弱者辩护。现在，她把她的咨询训练看作技能学习，可以用在今后作为一名民权律师的生涯中。她不再认为学业是浪费时间；而且已经把它和她的生命承诺联系在一起，成为她自我成长和专业发展的一项投资。其实，她自己对此一直很清楚，只是需要通过更具有连续性、一致性和理解性的方式来叙述。

8

生涯建构咨询

CHAPTER EIGHT

完成评估方案的八个步骤后，咨询师就准备创作出一幅画像，这幅画像从一个新的看待生涯的视角来描绘来访者一生的经验。咨询师所创作的这幅生命画像，把众多小故事转变为一个宏大叙事，表达来访者的同一性并为其提供更广阔的视角——既理解现在的变动也勾勒未来的职位。咨询师想要用生命画像帮助来访者理解他们的生活——通过展开过去的经验来思考未来的选择。为了完成此举，咨询师通过使用生涯主题把职业情节延伸到未来。所以，在创作生命画像的过程中，他们使用各种方式重构过去，打算预期未来并激发来访者的行动。

为了创作生命画像，咨询师把来访者的微观叙事重新建构形成宏观叙事的一份初稿，然后与来访者一起将其建构成被认可的最终版本。如果将描绘生命看作一项艺术工作，咨询师就是在精心创作一幅强调来访者独特面貌的词语画像，涉及重要的生涯主题和扩展的职业情节。这意味着我们把来自生涯故事访谈中的小故事组合成一个大故事，强调从具体的故事中抽离出的抽象主题，从而书写来访者的生命。正如下面要讨论的生命书写的一般原则指出，生涯故事访谈中的话题顺序预示了这个大故事。

## 一般原则

在创作一幅生命画像时，指导我们的有五条一般原则。第一条，在创作同一性叙事时，咨询师应该在那个特定时刻对来访者的生命给出一个最好的解释。他们应该把来访者的性格和价值融入画像，从而提升来访者生命的尊严和意义。在尽可能合理的范围内，咨询师争取在生命进程中营造一种欢呼的景象。不论什么时候，他们都会把人物弧线引向一个有希望的方向，并通过详细阐述人物弧线来澄清梦想。例如，一位来访者津津乐道他从儿时的一名淘气鬼变成一位乐于分享自己智慧的成年人。咨询师利用来访者过去的经验来巩固当前的人格诗意（poetics）和未来的生涯建构策略（politics）。咨询师总是以一种明确的方式来讲述大故事，使其保持讲述的状态，就好比一幅涂好了胶水最终保持在墙上的画像。

第二条，咨询师以一种打开可能性的方式来创作叙事。许多来访者会采用不同的隐喻来复述故事。生命画像应该突出来访者所讲的隐喻。这种比喻的语言通常播下了可能性的种子，新选择孕育于其中（Neimeyer，2004a）。因此，隐喻应该有足够的广度以创造开放性，有足够的深度以创造重要性。除了使用来访者的隐喻之外，咨询师还应该尽可能地使用来访者的词语。让来访者的生命自己说话——用来访者自己的方式和语言，以此增强故事的理解性和可信度。必要的话，咨询师可以用新的语言来清除阻碍，并为生命打开更多的空间。前文说到那个对隐私一词感到迷茫的俄罗斯女孩。学习那个单词为她的生活打开了新的空间。除了提供新的语言之外，咨询师还可以通过直面那些限制生活的错误二分法和分离的期望来打开发展路线。人们只能够看到语言让他们看到的，因此增添一个词语或把"要么／或"改成"两者都／和"，可能会促进来访者朝向新的方向行动。

第三条，生命画像应该聚焦于那些拓展职业情节的启发性主题。当一个新的单元重组了先前意义系统的结构时，来访者的理解就会有所澄清与改变。咨询师强调生涯主题来重新组织职业情节，这样使来访者的自我重新整合、同一性得以更新，生命得到复兴。如果把生命画像看作一幅挂毯，那么模式或主题就像是富有活力的轴线（anchor thread），把各种各样的线聚集在一起。通过强调貌似分离的事件中的统一观点或主要思想，咨询师使主题模式变得凸显。生命画像必须通过呈现过去具有的趋势稳步前进到当下来强调整体性的逐步实现。记住，情节规划安排故事是有头有尾的。相应地，大故事或宏观叙事顺着一条轴线串起小故事，强调在发展进程和意义阐释背后的潜在逻辑。

将同一性叙事模式化时，咨询师最好采取一种诠释学的立场，顺着主题轴线的前前后后和里里外外描绘来访者的故事。通常，这很容易做到，因为来访者的微观叙事会被重复讲述，核心的主题在微观叙事中也会反复出现。与小说家一样，咨询师尝试让潜藏在故事表面之下的某一主题显露出来。生命并非零散事件的集合体；来访者需要全力对付的是主题，而不是孤立的若干事实。生涯主题应该解释一个人的目标和意义，同时证明一个人最独特的承诺和投入是适当的。叙事同一性通过频繁地重复外显的主题来跟随主题线索，避免陷入可能有趣但不是特别相关的事实和信息。

第四条，生涯主题塑造了来访者的意向并促使其行动，因此，生命画像在解释生涯主题时，必须具有可靠性、可理解性、一致性和连续性。如果画像是为了帮助来访者通过当前困境来了解自己，那么来访者就必须通过画像来观察自己。对来访者来说，画像必须可靠，可以接受。同一性叙事的逻辑和系统发展，点缀着一致性的、证实性的细节，增加了同一性叙事的可靠性。然而，咨询师不应该以牺牲真实性为代价来追求推理的一致性。一幅适当的生命画像应该适当地包含事件的模糊、矛盾和多面，就如它们在生活中的面貌一样。分歧的定义和往不同方向扩展的预期比主题更可能打开新的可能性。一幅生命画像可能包含错综复杂的部分，但是，具有理解性的画像澄清了各个部分，具有连贯性的画像统一了各个部分，具有连续性的画像呈现了对整体性的积极领悟。

第五条，也是最后一条，当咨询师创造出来访者的生命画像，解释来访者故事的意义时，咨询师必须保持节制。生涯建构咨询师需要帮助来访者仔细查看内隐的意义并从更广泛的维度阐述它。他们绝不能企图借助浅显的现代心理学公式来解释来访者的个性。真相异常复杂，咨询师无法解码。生涯建构咨询师尊重来访者的尊严，咨询师只是一名目击者，在来访者赋予生命意义的过程中参与对意义和理解的共同建构。在生涯建构模型中，咨询师根据生涯故事访谈获得的故事将来访者的叙事重构成一幅生命画像，然后通过转化性的对话与来访者共同建构意义。通过共同建构的过程，来访者思考着生命画像中强调的主题，产生一个新的、共同创作的解释

（Schafer，1983）。

把来访者的微观叙事重构为宏观叙事时，咨询师强调的是艺术和实证的推理，而不是解释。咨询师通常不会去解释象征性的东西，也不会尝试心理动力学的方法。他们更喜欢一种审美的解释，就像在一幅油画中找到美感或在一首交响乐中找到和谐。更好的做法是强调众多选择的背景，而不是对某个选择进行解释。为某个转折点提供背景( context )，可以帮助来访者理解当前转折期的文本( text )。咨询师要努力理解来访者的意义和意向，而不是将之强加给他们。尽管有些咨询师想要完全避免解释，但他们做不到。他们对于来访者故事中某些元素的反应和强化，实际上已经开始塑造意义。但解释并不是由咨询师一个人给予的；当来访者选择讲述什么故事以及如何讲述时，咨询关系也会对解释产生影响。在创作生命画像的过程中，当来访者只是在选择形成同一性叙事的事件、隐喻和词语时，解释就已经开始了。在这个解释过程中，来访者引导着咨询师。在生涯故事访谈中，咨询师应该反复指导来访者进行反思，比如询问他们"这是什么意思""你怎么看待它"和"你是怎么把这些融合在一起的"，来促使来访者解释他们自己。在重新建构生命画像的草稿时，咨询师强调这些来访者的自我解释，并会加上咨询师自己微妙、合理且敏感的解释。

为了确保解释不仅符合审美，而且合乎道德，生涯建构咨询师应该严格且以质疑的态度查看系统收集的材料。因为咨询师不只是用耳听故事，而是用心听故事，他们的解释来源于认识论

（epistemological）的观点、实证理论以及系统框架。他们使用生涯
建构理论来组织主题、选择细节、连接故事，最后形成一个整体。
这种情况下咨询师作出的微妙解释，就隐含在来访者的微观叙事表
面之下。这些解释是咨询师站在局外人的角度通过整体观察得来的，
而来访者自己无法做到。因为咨询师在描绘生命画像时同时运用了
理性和直觉，所以他们对评估结果中可能带有的偏见和质疑必然保
持觉察。在将来访者的小故事重构为大故事之后，咨询师和来访者
一起修订画像并共同建构来访者创作的同一性叙事，此时咨询师必
须对误解和好奇保持开放的心态。如果想要了解更多关于生命画像
的描绘，咨询师可以参考《肖像画的艺术和科学：质性研究的新取
向》（ *The Art and Science of Portraiture: A New Approach to Quality
Research* ）（Lawrence-Lightfoot & Hoffman Davis，1997）和《生涯
咨询：一种叙事方法》（ *Career Counseling: A Narrative Approach* ）
（Cochran，1997）。

总而言之，创作同一性叙事的五条基本原则要求咨询师准备最
好的版本、打开新的可能性、避免简单的解释、关注主题，并接纳
能够解释恒定和变化的复杂性。咨询师努力创作一幅生命画像，能
够支撑来访者的梦想并能在其困难的时期提供指导。宏观叙事的画
像有一种持续的活力，是一幅新鲜而生动的（来访者的同一性）画
面，不仅包含了各种信息，还可以激励来访者。了解了创作生命画
像的基本原则之后，我们需要了解咨询师在创造故事时可能采用的
具体程序。

## 组织创作过程

生命画像的创作有一套系统的指导程序。典型的创作过程须有六个主题，每一个主题都引领下一个主题，产生创作的动力。对大多数来访者来说，每个主题需要几句话即可，不过有些来访者可能需要一段话。第一个主题提供了一幅全景图画。参照电影导演所使用的美学原则，在带领个体进入建构场景和最终承诺时刻之前，摄影师就已经设置好了未来远景。

### 主题 1：执念

生命画像的第一部分应该符合瑟伯（Thurber, 1956）说的格言，他在关于旅鼠[1]的寓言故事中说道，"所有人（人类）都应该在死亡之前，努力去弄明白自己从哪里来、到哪里去以及为什么这样过一生"（p. 174）。为了把来访者的生命编成故事，咨询师需要注意他们的早期回忆，以确认他们的核心问题、生涯主题的缘起和人物弧线的基础。向来访者呈现同一性叙事时，讨论早期回忆中的执念可以让职业转折更为顺畅。早期回忆原本是生涯故事访谈中最后一个主题，在呈现同一性叙事时将其提到首位会进行得更顺利。通过确认来访者的执念或反复面临的问题，咨询师来寻找中心思想。接着咨询师会问他们自己：叙事会回答什么样的问题？生命画像该如何开始？它如何被讲述？其中包含了什么含义和冲突？什么样的

---

[1] lemming，常年居住在北极的一种哺乳类小动物，体型比普通老鼠要小。——译者注

结果是完满的?

在一本关于"在文学中阅读生命之路"（reading your life path in literature）的书中，心理治疗师、文学评论家海伦·亨特（Allen Hunter，2008）提供了一个很好的例证，说明生活就是反复修正一个核心问题。亨特在对罗琳的《哈利波特》系列小说的分析中，说明了个体如何不断地返回到贯穿他们一生的基本斗争中去。每当个体回到他们的执念，进入更深的层次并面对更复杂的情况，进展也就出现了。在每一部小说或每一学年中，哈利波特都会获得一些新的技能和更多的个人能量。然而，哈利波特追求的并不是这些能量和个人主义。爱和忠诚才是每一部小说反复描写和营造的主题。哈利波特的故事与所有我们自己的故事一样，历经岁月逐渐清晰却从不失去神秘感。正如诗人埃德娜·文森特·默蕾（Edna St.Vincent Millay）的精辟之论："生活不是一件又一件讨厌的事情；而是一件讨厌的事情不断重演。"（Famous Poets and Poems，n.d.）所以，通过讲述来访者不断面对的"讨厌的事情"以及它对来访者的意义，咨询师开始描绘来访者的生命画像。这种方法将来访者最深层的感受植入个人意义，试图尝试传达来访者的情感实质。

我在撰写本页内容的那天，读到《纽约时报》上刊登的一则故事，讲述了歌手／作曲家卡莉·西蒙（Carly Simon）"总是被她自己的生命叙事所驱动"（Clifford，2009，p. C1）。64 岁的时候，西蒙被斯戴弗妮·克里福德（Stephanie Clifford，2009）在一篇文章中引用如下："我想成为直面人生的人，不被践踏，因为在我的生活中我已经被践踏了太多，我不想让我的自尊受罪"（p. C8）。在写到西蒙与星巴克咖啡公司有关录音纠纷的官司诉讼的讨论中，克里福德发现西蒙的生命主题是"信任破碎，男人制造麻烦，女人努力善后"。（p. C1）。西蒙给星巴克的首席行政官霍华德·舒尔茨（Howard Schultz）写了张便条："霍华德，欺骗始于信任，终于背叛（p. C8）"。克里福德强调在西蒙的首支热门单曲《那就是我听到的它应该的样子》（*That's the Way I've Always Heard It Should Be*）中也体现了这一连续的个人意义。

### 主题 2：自我

我们讨论了执念之后，就要开始描述来访者如何建造一个自我来管理执念。这样的自我建构形成一种性格，它具有应对"讨厌的事情"需要的所有特征。也许没有明显地表达出来，但生命画像可能隐含了这样的观点——来访者带到咨询中的问题是乔装打扮的"讨厌的事情"。咨询师作为一名画像师，应该着力强调那些来访者合并进自我的关键特征，这些特征对他们具有终生的意义和当下的适用性。

### 主题 3：环境

第三部分解释了来访者愿意投入自我的社会场所和偏好的环境。生命画像应该包括一些例子和细节，关注自我如何被完美地建构，在偏爱的环境中发挥作用。咨询师还应该对来访者对于不同环境的兴趣保持敏感。有些来访者的兴趣高度分化，即只关注一种类型的环境，比如说社会世界。然而，有些来访者，兴趣虽然分化，但仍会对两到三种类型的环境感兴趣。对于他们，不同的情境会唤起不同的意义。咨询师必须对来访者在不同环境中表现出的不同身份加以讨论，不过仍需归纳出个体在所有偏爱环境中的通用模式。对于兴趣未分化的来访者，即几乎对所有环境都有些兴趣，生命画像必须展示出他们生活方式的灵活性和适应性。

### 主题 4：脚本

第四部分通过重新叙述脚本将自我和环境进行整合。在详细阐述来访者的生命脚本时，选择来访者讲述自己最喜爱的故事时使用过的短语会有所帮助。这些短语可以清楚地描述出他们的自我在工作或生活中如何发挥作用。脚本的呈现必须突出那些应对重复主题的转折性场景。脚本还要呈现来访者的人生信条——即他们从生活中所得到的观念。有一个例子可以说明脚本的力量，一位咨询师对她的来访者说，"我想你成为一名侦探的原因，就是——你想查清楚你家庭的秘密。"

### 主题 5：建议

生命画像接下来的这一部分，是一幕戏（act）的尾声，咨询师告知来访者他们是来寻求咨询的。在幕间休息过后，便是推动剧情进入下一幕的时候了。故事线索必须保持连续性和一致性，否则主演和观众都会茫然不解。作者，即来访者本人，必须为同时作为主演的自己提供方向。这就是来访者最喜爱的格言的深层含义。这是作为作者的自己给作为演员的自己指明方向。咨询师必须使来访者清楚脚本的走向，在幕间休息之后能发展出一幕新戏来拓展职业情节。咨询师应该利用此次面谈的剩余时间多重复来访者的人生格言，引出其深层含义，包括内在的或外在的，历史的或未来的。

### 主题 6：未来场景

最后一部分重新阐述来访者寻求咨询的原因，并且把咨询原因和生命画像的其他部分联系起来。咨询师试图对来访者呈现的问题提供尽可能合理的解释，解答来访者的疑惑。在这个总结性的环节里，咨询师向来访者解释为什么"讨厌的事情"会在职业情节中反复出现；生涯主题如何勾勒出一幅未来场景，将情节引向一个恰当的方向；并且解释来访者喜欢的格言里如何描述了他们下一步的行动。这一部分应该把来访者的性格界定为应对成长问题的解决方案，还应该把他们的兴趣界定为把压力转换成动力、问题转换为机会、执念转换为职业的手段。职业兴趣应该表现为能够帮助来访者解决不能完成的任务、转变和创伤的一种建构。

画像应该提供一个机会，让来访者认识他们的兴趣缘起、当前意义和重要性，使未来不仅可以想象，而且还可以实现。这部分可能包括一个关于来访者生活的虚构真实（fictive truth）。个人神话可以被概括为一条人物弧线。作为建构同一性叙事的审美原则，人物弧线标出了来访者如何把问题转变成力量，然后把力量转变成职业和社会贡献的过程。回想前文的例子，这些来访者从恐惧到坚定、从求证到改善、从淘气鬼到智者。最后，生命画像的这一部分提供了一条前进的道路、一个崭新的篇章，来访者在其中可以扮演自己生活故事中的英雄。

与来访者第二次面谈之前，咨询师应该从整体上回顾这幅生命画像。在查看同一性叙事的过程中，他们应该避免陷入非对即错的两分法。对于来访者来说，画像必须具有主观上有用的实际性（pragmatic viability），而不是强调客观上准确的逻辑性（logical viability）（Neimeyer，1995）。因此，咨询师需要回顾生命画像来确定它对来访者是否有用。两幅不同的生命画像可能对来访者同样有用。所以，咨询师应该自问，在帮助来访者自我探索、促进职业探寻以及辅助职业决策时，这个同一性叙事将如何起作用。在完成初步的生命画像之后，咨询师准备为来访者做咨询。这通常在第一次面谈的后半部分或第二次面谈中开始进行。


## 将画像叙述给来访者

生涯咨询的第二次面谈，咨询师会向来访者询问，"我们上次见面之后，哪些事情对你来说更清晰了？"（cf. Neimeyer，2009，p. 81）。然后，咨询师会问来访者是否想要对第一次的面谈作些补充。接着，咨询师重申来访者自己是如何看待咨询可能会对他们有帮助的，特别是澄清那些困惑的地方，以此作为生命画像的序曲。

咨询师通过讲述生命画像的草稿来开启咨询，这个草稿是根据来访者的微观故事重新建构的。咨询师通过回顾来访者的故事了解他们在成长过程中如何形成最初的生活方式，在讲述的过程中，咨询师要突出主题并渲染出人物弧线。他们引导来访者成为自己故事的作者，而不只是其中的演员。在这样做时，咨询师试图通过鼓励来访者在其内部自我观和同一性叙事中描绘的他人自我（the self-as-other）之间灵活转换，促使来访者形成更具反思性的自我。当我们关注来访者所宣称的特定故事时，画像一定是真实的。然而，生命画像并不是咨询师所宣告的事实；相反，它是一种试验性的真实，随时准备接受质疑和修订。咨询师希望把它作为一种对话和深思的资源，带领来访者踏上一段旅程，让来访者发现什么对他们才是真实的。对来访者叙述统领他们生活的生涯主题，让他们明白对自己真正重要的东西，并激发他们作出产生精神共鸣的选择。

借着画像让来访者思考和反思是一种很好的手段，可以让他们更好地看清楚自己并理解自己的生活。咨询师应该鼓励来访者进入创作中，带着一点好奇心漫游其中，而退出时带着受到启发的觉醒。在追求整体性时的自我反思，让来访者能够从他们的环境中获得更多的意义感。在思考画像的过程中，个体能够了解它、分析它、学习它并改变它。这种反思应该是合乎时宜的，而不是耗费时间的。

当个体遇到具有挑战性的混乱时，他们需要对事件进行反思，同时牢牢记住生命画像。如果个体愿意的话，更耗费时间的反思可以在稍后进行。

为了提升来访者探索同一性画像之意义的能力，咨询师必须以一种简明扼要的方式来讲述它。这种简单的、直接的叙述可以鼓励来访者有意识地投入努力，充分地承认并反思地加工由咨询师呈现的试验性质的宏观叙事。乍听之下，这种简单直接的叙述听起来好像是来自咨询师角度的解读。然而，再仔细倾听，来访者会发现大多数的解释仅仅是重构来访者已经说过的话。咨询师表现得一丝不苟，尽可能多地使用来访者的结构和自我解读。他们重复来访者使用过的短语并抽取出其中的含义。他们特别强调来自来访者早期回忆中的标题和最喜爱故事的脚本。当咨询师需要添加自己的解释时，他们会很不情愿并且极其保守，并总会声明那些是自己的猜测而已，来访者可以选择拒绝或接受。来访者是他或她自己生活的作者，也是唯一有权赋予其意义的人。

咨询师必须确保来访者能辨识他们的生涯主题和职业情节。很多时候，来访者还不能很快识别出咨询师重构好的生命画像，因此没有为进入下一步的共同建构作好准备。例如，在一次公开演示中，一名志愿者听了我对她的同一性叙事重构之后说："我从来没有以那种方式思考自己。我得回家好好想一想。"紧接着，她的三位同事都说他们感到很惊讶，因为生命画像分毫不差地描述了他们眼中的她。他们甚至提供了具体的例子来印证这幅生命画像。尽管如此，来访者仍然需要更多的时间进行反思。幸运的是，我们把咨询过程录音了，所以如果她愿意，她可以再听听它，把这幅画像调整成她满意的样子，或者弃之不顾。从不同角度看待生命画像产生的分歧，正说明了来访者的实用性和听众的逻辑性之间的差异。还有一个更典型的例子，一位表达清晰的来访者解释到，生命画像和他最近所填写的兴趣问卷有很大差异。他说：

> 我相信我的兴趣问卷的测试结果是愿望达成的一个例子，描述了我认为我应该是怎样的而不是我真正是怎样的。当我去认识从生命画像中涌现出的"我"的时候，我说，"是的，是我！那就是我！"

很明显，向来访者叙述生命画像时，咨询师必须找到证据，确认来访者在其生命画像中辨认出自己并完全拥有自己。虽然来访者口头表示赞同也很不错，但它们太过抽象了。生涯建构咨询师更喜欢看到关于同一性的具体身体表达，就像戴克斯（Dreikurs，1967）称为的识别反射（recognition reflex）。当来访者在生命画像中认出自己时，他们会流露出一种无意识的、自发的反应，如微笑、哭、脸红或大笑。在我看来，被感觉到的身体体验暗示了来访者与画像产生了共鸣。正如身体语言专家经常说的，"身体永远不会说谎。"

如果因为某些原因，咨询师需要强化来访者对生涯主题的认识，那么他或她可以使用一到两个技巧来加深认识。一个技巧是确认来访者的模式在他们目前的行为中如何表现，比如在刚刚过去的 5 分钟里，或者在一些他们说过的事情或生涯故事访谈中表现出来的模式。第二个技巧是要求来访者举出上周发生的一件事来表达他们的模式。对来访者来说，在听过自己的生命画像之后，是时候使用他们的权力去修订并丰富同一性叙事了，使之更深入、更复杂和更智慧。

## 一起修订画像

让来访者思考咨询师重新建构的宏观叙事，这是向他们叙述生命画像的首要目标。对生命故事进行思考和反思通常会引导来访者去修订同一性叙事。因此，接下来的任务便是来访者和咨询师共同建构一个更加可信和真实的故事。这包括了纠正错误的改善、解决旧冲突并设立新解释的调整、提高自尊并提供更为乐观生活态度的改变。然而，修订宏观叙事不只是为了让来访者的故事更准确。而且来访者修订生命画像也不只是为了准确性。他们需要修改画像，使之更具生命力。这就是他们前来咨询的原因。共同建构过程包含了修订和阐释，通常始于咨询师的一些刺激性话语。这样说是为了引发不稳定性，从而开启重新安排故事元素的可能性。为了使修订的生命画像趋于稳定，修订过程必须对来访者公开并唤起来访者自觉的合作。来访者和咨询师坦诚地共同探索意义，一起直面选择。这样做的时候，来访者在修订过的生活模式中重新定位了自我。当然，新的生活方式想要起作用的话，必须更加可行且更有活力。

回首过去得到的奖赏能够展望未来。对生命画像的共同建构是为了能够容纳当前的错位，其方式是增加转变和发展的可能性。来访者语言的局限性限制了他们的世界。来访者通过重新塑造语言来重塑他们的世界。这包括获得不同的意义和吸收新的理解，前者重新开启了禁锢的主动性，后者揭示了新的可能性。重塑语言的过程能够驱动来访者的核心趋势来绘制一条可能的前进道路。它常常使用隐喻来打开之前不曾被注意到的活动路径。例如，一位来访者检视了自己事事追求完美的生命画像之后，他说自己已经准备好"脱去自己完美的假面"。不论产生的观点多么新奇，它们都提供了新的语言并扩展了视野，来访者可借此重新组织他们的意义系统。

经过重组的意义系统通常会让来访者明白什么是真正重要的事情并产生新的目标。通过让来访者清楚表达对其生涯故事之崭新和扩展的视角，咨询师确保生涯的意义得到了阐释和充实。否则，来访者们可能会带着原来的故事和原来的问题离开咨询。所以，大约在第二次面谈进行到一半时，咨询师需要仔细倾听来访者的对话风格是否印证了他们显现的自我感，暗示了重组的意义系统，巩固了同一性叙事中的改变。这个自我澄清将使来访者更为清晰地把他们的意向展现给自己和咨询师。

## 明确表达意向

大约在咨询会谈的中点，我们的关注点将转向明确表达意向

（intention）。意向必须出现在选择之前，因为它明确表达了选择所追寻的目标。未来的意向把过去和现在联系在一起。意向中内含的意义对于作出选择和人生设计非常重要（Richardson et al.，2009）。来访者前来咨询时带着一种紧张。紧张（tension）一词的词源有斗争的意思。在咨询中，当一位来访者的生活故事受到挑战，斗争便会出现，此时他们必须投入同一性工作。咨询把紧张（tension）转变为注意（attention），或者给予关注。当来访者投入自传推理时，他们叙述了对他们来说重要的事情以及他们如何使其在工作中显现（这些工作对他们的家庭和社区来说是重要的）。咨询师鼓励来访者把混乱或转折看作一次机会——可以修改同一性叙事，甚至是展开一条新的故事线索。通过指引来访者发现自己的价值和生活目标，咨询师帮助他们把注意（attention）转向自我调节的意向（intention）。这些关于自我和个人发展的想象可以作为指导和评价标准。咨询师必须帮助来访者注意那些他们自己知道的事，并帮助他们克服恐惧成为更真实的自己。当来访者谈论生活中的意义和重要事件时，咨询师作为目击者，鼓励他们明确表达关于可能的自我的意向，以及对于未来场景的期望。

20世纪的职业指导关注的是职业选择和匹配，其背景是稳定和可预测的生涯轨迹。21世纪，员工的心理契约只提供了暂时的雇佣关系和不确定的生涯轨迹。因此，在持续的自我和生活建构过程中，生涯建构咨询师首先关注的是意义生成和意向发展（cf. Krieshok，Black，& McKay，2009；Richardson et al.，2009），聚焦于生涯主题以绘制下一个职业情节。在知识型社会中，一个人的职业生涯可能会经历 10 多个职位，选择新职位时，正是意向指引着个体不断进行反思和修订。意向在个体面临不确定时起到了自传建构的作用。在转折过程中，个体需使用自传推理应对变化和风险。帮助来访者明确表达意向，能够使他们清晰自己当前的选择并能够提高他们的决策能力。

如前所述，咨询师通常在第二次面谈的中期开始关注来访者的意向——通过尝试共同建构一个共享的关于意向的话语，或者如安德森（H. Anderson，1997）所谓的通过合作性和生成性对话形成的协同意向（coordinating intentionalities）。通过强调主要故事（即生涯主题和职业情节），他们试图从生命画像中提取出意向。与来访者一起选定中心叙事会使意向更为明晰，因为它揭示了来访者带入咨询的问题中隐藏的丰富意义和深层影响。选定一个中心主题也促进了同一性叙事的建构与清晰化。2008 年，美国总统竞选活动就可作为一个例子，来说明同一性清晰化的重要性。一些专家评论道，最终胜利者在他的竞选活动中选定了一个中心叙事，而他的对手没有这样做。奥巴马（Obama）先生把自己定位为变革的代言人，而麦凯恩（McCain）先生却在保守者、英雄、持不同意见者、指挥官和直言者等自我表征中摇摆不定。一个明确的同一性叙事可能更容易让选民了解麦凯恩到底是谁。

咨询师可以通过鼓励来访者写下总结同一性叙事的句子，帮助来访者为其职业竞选选定一个中心叙事。我们的想法是将刚刚完成的同一性叙事过程总结为一句令人信服的命题。咨询师可以告诉来访者，制造这个句子需要写下他们的成功公式或个人使命声明。

书写成功公式的形式有很多。大多数生涯建构咨询师更喜欢从生涯故事访谈中组织一些短语来构成这个句子，以未来意向的形式来总结中心叙事。通常以"当我_____，我会感到幸福和成功"来开始这个同一性句子。这个句子可以通过过程和结果元素详细阐述，或者简单地表述最根本的意向。给新手咨询师讲解如何书写成功公式时，提醒他们关注来访者最喜爱的故事会有帮助。通常来访者在故事叙述中使用的短语可以用来草拟成功公式。咨询师一般会在与来访者的第二次面谈之前，写出两个备选的成功公式。如果来访者像作家一样有写作阻滞，那么这些草稿就可以派上用场。在第二次面谈的中后段，咨询师向来访者呈现他准备好的句子，并要求来访者对它加以润饰，直到成为他们满意的成功公式。当然，咨询师并不一定要提前准备好一个成功公式。相反，可以在与来访者一起修订好生命画像之后，要求来访者选出一些短语并把它们写成一句使命声明。例如，一名来访者从她的同一性叙事中选出短语"解决问题""帮助他人"和"分享感受"。她把它们合并成几个可以选择的成功公式："当我以我的感觉帮助其他人解决问题的时候，我感到成功和满足"，"当我帮助别人，让他们对他们问题的感觉更好一点的时候，我感到幸福和成功。"她最终确定了如下的同一性叙事："当我根据对方的感觉来帮助他们解决问题的时候，我感到成功和满足。"咨询师若希望演练出一种经得起时间检验的写作成功公式的方法，可以参考霍尔丹（Haldane，1975）基于功能性自我分析的动态成功因素模型。

## 发表同一性声明

以成功公式或同一性声明的形式把生命画像浓缩为一句关于意向的精华陈述，可以激励来访者追求他们的目标。有些人可能会表达为"召唤"（calling），尤其是当他们意识到"生活的目标就是过一种有目标的生活"（Leider，1997）。每当他们面对转变或困难的选择时，表达意向的句子就会给来访者带来自我指引。这也是咨询能够给他们带回去的一些具体东西，因为他们才不愿只得到一份兴趣问卷的表格。当有了这样的意向声明在手，来访者就该作出新的选择了，把流动的犹豫不决转变为实在的可能性进行探索。此刻，每一件将要发生的事情，通常都已呈现在成功公式中了。未来孕育在其中。来访者的生命画像将会支持这个决策过程。来访者和咨询师可以将成功公式作为落脚点，如果需要的话，再加上完整的生命画像，来看待来访者在初次面谈中表达的困扰。来访者通过生涯中的困扰使意向变得明晰，往往会产生新的机会和可能的行动；而在那之前，来访者只是偶尔想到或内隐地感觉到而已 。

# 9

## 意向转化为行动

CHAPTER NINE

第二次面谈接近尾声时，来访者应该感觉到咨询即将结束并意识到行动的迫切性。莎士比亚（1981）曾经说过，"行动胜于雄辩"（p.64）。必要的行动是对有吸引力的选择的探索。形成一个成功公式之后，便是把意向转化为行动的时候了。一方面，意向指个体行动时需带有明确的目标。另一方面，行动指将意义融入行为（Malrieu，2003）。当行动将个体带向未来时，它保持了过去固有的意义。个体通过一次次行动而不是一个个决定与世界进行互动（Krieshok et al.，2009）。有目标的行为会寻找需要的信息来解决个体生涯中的困扰，将徘徊的不确定感安定下来。正是行动而不是口头表达的决定，推动了来访者进一步的自我建构和生活设计。对有些来访者而言，需要采取哪些行动来实现新场景已经很清楚，他们只需去做他们已经完全明白了的事情即可。而另一些来访者，则需要继续探索那些正在汇聚关注和能量的可能自我和潜在未来。

在设计和建构个体的个人生活时，探索活动是至关重要的。通过信息收集的活动，来访者开始明白他们想要怎样的未来。这些探索性行动甚至可能改变来访者的自我概念，并促使他们重新解读生涯主题。来访者需要通过行动来最终确定生命故事中下一篇章的场景，并就此结束生涯咨询。系统性的探索行为以及对于它的反思，有助于来访者作出选择——过一种自知的生活，也就是，活在自己的故事中。

# 探　索

第二次面谈将要结束时，来访者和咨询师通常共同制订出一个行动日程，推动和指引来访者走向未来。一起计划行动将会帮助来访者看清楚各种选择，从而提高他们作决定的能力。当然，这个计划聚焦于这样的行动——直接解决来访者带入咨询的问题。不过，所需的行动可能会涉及与家庭成员的沟通，包括如何坚持自己偏爱但可能会让重要他人失望的选择。在讨论过更为一般的探索计划之后，我将讨论如何与不肯承认来访者新故事的听众（他人）进行协商。

为了鼓励来访者去探索，咨询师会帮助来访者计划一些他们认为与未来预期有关的行动。大多数来访者不知道如何探索他们的选择，不知道选择可能带来的结果。因此，除了给出一些有助于来访者作出选择的具体活动外，咨询师还需要教导来访者如何进行探索行为。一份叫作"信息源示例"（Examples of Information Sources）的卡片（Stewart，1969）可以帮助咨询师。这份三页纸的卡片会教会来访者如何探索和处理信息。卡片的第一页上是六个基本的信息寻找行为：写、看、读、听、拜访和谈话。第二页上留有空间供来访者列出他们将会如何实施这六种行为去探索三种供选择的职业、工作或学科专业。在执行完这些计划之后，来访者在第三页纸上记录他们学到的东西和对上述信息的思考。对于下一次面谈而言，讨论第三页纸的内容是一个不错的起点。

尽管探索中信息寻求的行为是一样的，但是来访者从探索中寻求不同的结果。探索的目标落在从收集一般信息开始到检测各种可能的结果这一连续体上。舒伯（1990）的探索模型把一系列的任务命名为明确化、具体化和现实化。

### 明确化

对处于教育和生涯早期的年轻来访者而言，探索方案通常是在广度上进行细化。广泛的探索涉及寻找信息将来访者的偏好**明确化**（crystallize）。在广度上的探索寻求的是将来访者的同一性声明转化为一系列偏好的职业，通常是指在来访者感兴趣的一个领域内和相近的能力层面上。偏好领域和能力层面的明确化关注的是自我和职业的匹配。通过确定来访者的职业兴趣，讨论这些公开兴趣具有的个人意义，这些兴趣在相应的职业中如何体现，咨询师可以列出一个系列的职业（或学科专业）清单。在讨论不同的职业如何满足来访者对于目标的追求以及对成功公式的执行时，咨询师应尽可能地具体并引用来访者生活经验中的例子。

有时候，咨询师需要列出学科专业或职业的清单帮助来访者进行探索。此时，**职业查询**（Holland，1990）或**大学专业查询**（Rosen，Holmberg，& Holland，1987）通常很有帮助。通常，咨询师只是帮助来访者确认适合其生涯主题的职业代码，然后把这些代码中适合的职业群圈定出来。如果真的需要讨论这份清单，咨询师会为来访者提供一本小册子。不管采用哪种方法，这个阶段的来访者已经形成了一份用以探索的职业清单。

### 具体化

对于更具生活经验的来访者来说，探索方案可能需要在深度上进行细化。在会见咨询师之前，这些来访者通常已经明确了偏好，并将选项限定在一定范围内。他们的搜索任务不只是把自我和可能的职业进行大致匹配，还包括同一性建构的过程，因为个体将一个选择具体化时，他们是在向观众宣布他们自己。声明职业选择是自我公开展现的一部分。它展示了这个人是谁，并宣告他想成为什么样的人。

深入探索几个可选的偏好关注的是一些具体的信息，在作出承诺之前，来访者需要用这些信息进行确认。有时候信息非常具体，个体只需采取几个简单的动作就能获得。而有时候个体又需要投入更多的努力才能获得那些信息，不过所有努力都具有高度的针对性。举个例子，一名具有课程论专业硕士学历的高中老师想要返回校园攻读博士学位。然而，尽管她很明确博士学位这个偏好，但她仍然不确定该学习哪门学科。她考虑的是咨询学或心理学。很快，她清楚自己感兴趣的是弄清小孩是怎样学习的。因此，她轻而易举地把选择限定在学校心理学和教育心理学。她需要对每一门学科多加了解来比较和选择。于是，她在互联网上阅读每个学科的内容，拜访这些学科的教员，阅读相关领域的学术期刊。当她再次回来和咨询师讨论时，她已经作出决定去攻读教育心理学的博士学位。

### 现实化

已经选择了某一职业的志愿者，必须决定去什么机构或在机构里寻求什么岗位，可以通过探索方案来作出真实的选择。将选择现实化包括寻找工作和实习岗位。这些来访者必须通过确定某一职位，把他们的口头选择转化为实际选择。这一努力包括了实习期的工作、可能转为全职的兼职或者入门水平的岗位。为了实现所确定的选择，那位选择攻读教育学博士学位的来访者需要向三个州的五所大学递交申请材料。然后，她深入探索了接受她的四所大学，很快她选择了其中一所将选择现实化。

## 决定和行动

如果需要的话，接下来的会谈将涉及回顾探索结果并作出试探性的决定。通常个体所采取的行动和收集的信息就详细阐述了他们的想法。来访者需要对新的起色或失望加以讨论。来访者和咨询师一起检视各种不同的选择，以明确来访者的偏好并预测未来可能发展的方向。有些来访者会偏向不现实的、其脚本难以支撑的选择。为了对所有选项作出合乎现实的判断，咨询师和来访者必须仔细考虑每个选项的相应结果。一旦来访者对某个选择作出承诺，列出一个行动清单有助于详细阐述这个选择，通过每周例行活动、中期目标和长期目标将其变成现实。这些行动必须落实下去。

来访者必须实践他们的新意义。然而，对于相当多的来访者而言，问题不在于是否作出了决定，而在于是否付诸了行动。他们需要勇气来创造新的故事。如果一个来访者可以作出选择，但迟迟不肯实施选择，那么咨询师需要注意他或她对选择的态度以及可能阻挠其行动的障碍，通常是规范性的限制。生涯构建理论的适应力模型明确界定了实施选择所需的态度、信念和能力。生涯适应力的维度包括关注、控制、好奇和自信。任何维度的缺失都会导致实施某项选择时相应的困难。萨维科斯（Savickas，2009）对评估和修复这些缺失的方法进行了讨论。

考虑障碍这一问题时，咨询师需要关注可能阻碍来访者行动的感受、环境和关系。此时，感受被当作过渡的结构（constructs of transition）（Kelly，1955），因为它表达了从一个老故事走向一个新故事的体验。最常见的阻碍行动的感受是焦虑。当来访者知道事情会发生变化，却不知道往什么方向改变的时候，他们便会感到焦虑。有些来访者感受到的是悲伤，因为他们难以放下旧故事。还有些来访者会感到生气，因为他们不能控制转变的元素。同样，还有些来访者会感到无助，而希望有别人来承担推进转变的责任。如果感受阻碍了来访者的行动，咨询师可以使用以来访者为中心（client-centered）的技巧来探索来访者的感受、决定其意义、阐述可能的结果，并详细告诉来访者如何迈出第一步。

对另外一些来访者来说，阻碍行动的不是感觉而是现实。在这种情况下，咨询师倾向于使用聚焦解决（solution-focused）的方法，而不是以来访者为中心的方法。这种社会建构主义的疗法旨在帮助来访者在困难情境下找出优先的行动方案（de Shazer，1988）。其中一种实用技术是找到"行动困难"的例外情况，包括什么时间、什么地点、与谁一起以及哪些行动片段正在发生。咨询师需要特别留意来访者那些打破障碍的行为，不管这些行为是小的量变还是大的质变。来访者和咨询师一起讨论，当行动看起来可行的时候又有什么不同。通过让来访者意识到这些小的成功并鼓励他们重复成功行为，咨询师帮助来访者逐步争取到一个偏爱的职位。第二种技术称为奇迹提问（miracle question）（Metcalf，2005）。咨询师请来访者试着想象自己身处问题已被解决的未来，然后请他们从未来往回看，并解释他们是如何解决问题的。咨询师可以问来访者一些具体的问题，比如"如果你明天早上起来发现问题已经没有了，会有什么不同？"还可以继续问他们"有什么不同，你正在做什么"，鼓励他们去思考自己会怎么做。来访者在想象中对问题如何被解决给出的解释，通常已经为目标设定提供了一个基础。

如果障碍不是来访者内部的感受，也不是外部的困难，那么就有可能是关系方面的问题，咨询师可以通过观察来访者如何给他们的听众表演新故事来判断。咨询师总是希望来访者的生涯选择能够得到他人的认可。不过，咨询师必须了解来访者在家庭互动中是否存在行动的障碍。所以，他们会询问来访者，他们的听众是如何看待他们的故事的。他们想要判断来访者的观众是否支持这个选择和改变。支持（support）意味着认可而不是批准。来访者需要家庭的支持来变得自主和自治。如果观众不认可来访者的变化，那么咨询师可以使用鼓励技巧（Dinkmeyer & Dreikurs，1963）和自信训练来培养来访者的自信和自我效能感。

如果感受、环境或关系都不是障碍，那么咨询师需要考虑来访者的选择本身可能是个问题。或许是来访者有其他想法，或者直觉上不愿实施这个选择。如果是这种情况，那么来访者和咨询师需要重新探索他们之前搁置一边的其他备选项。

虽然本书列出的步骤形成了生涯建构咨询的框架，但是专业的咨询师可以根据来访者当下的需要来调整咨询对话。关键是咨询日程要依据来访者的需要和他们对咨询的要求来设定（Neimeyer，2004a）。咨询师最终的目标是鼓励来访者作出选择并进入对自己和社会都有意义的职业。当来访者投入行动去享受更好的生活时，他们需要作好充分的准备来领航自己的生活故事。

## 小　结

在某个时刻，职业情节中新的场景已经上演，来访者能感受到自我和世界的关系发生了变化。当咨询将结束时，咨询师把咨询中完成的目标进行汇总。最开始时咨询师问"我可以如何来帮助你"，现在他们大声读出来访者对此问题的回答，然后，询问来访者这个目标是否已经实现。这样可以提醒来访者他们对于咨询和咨询结束拥有掌控权。通常，咨询师会通过巩固新的故事、描述其与来访者咨询原因之间的联系，用几句话总结他们做了什么来结束咨询。研究压力（tension）、注意（attention）、意向（intention）和拓展（extension）这几个词的词源，就可以为咨询师向来访者解释咨询结果提供一个简明的结构。来访者带着压力进入咨询，在生涯故事访谈中与咨询师一起注意这些压力，然后他们共同建构一个生命画像使意向明确，并将意向拓展到有目标的行动中去解决压力。

咨询师可以借助柯波（Kolb，1984）的经验学习的四阶段模型来反思咨询过程。咨询以来访者叙述"具体经验"（concrete experiences）开始。然后是关于经验的"反思性观察"（reflective observations）。紧接着是反思形成生命画像中的"抽象概括"（abstract conceptualization）。最后，带有选择和改变的"积极实践"（active experimentation）就发生了。当然，在真实世界中，这四个阶段会在来访者实现意向并收集新的具体经验（用于反思、概括和实践）时不断循环。

## 实 例

我们将通过一个实例来说明生涯故事访谈、评估程序和咨询过程。请阅读下面的面谈材料，如果你愿意的话，可以在进一步阅读之前尝试分析来访者的自我、环境、故事和策略（strategy），并将它与来访者寻求咨询的首要原因联系起来。雷蒙德（Raymond），19 岁，是一名生物学专业大二的学生。在回答咨询对他会有什么帮助时，他说，"我想要搞清楚当我走进理科大楼的时候，为什么我感到很沮丧"。他的平均学分积点（GPA）是 4.0，生物学系的老师都认为他是系里最有天赋的学生。

### 生涯故事访谈

他的第一个榜样是亚伯拉罕·林肯，因为"他虽然竞选失败，但永不言放弃""站起来，做演讲"和"写演讲稿"。第二个榜样是托马斯·爱迪生，因为他"有想象力""务实的"和"告诉别人要做什么"。他的第三位偶像是沃特·迪斯尼（Walt Disney），因为"他有想法，并付诸实践"。雷蒙德很喜欢看《时代周刊》的电影评论和政治版面。他也经常读《爵士乐》上关于爵士乐和音乐家的文章。他最喜欢的电视节目是《星际迷航》系列，因为他们"有想象力"。他最喜爱的故事书是《小城畸人》（*Winesburg，Ohio*）（S. Anderson，1919），雷蒙德把这本书总结关于"一个为一家报社工作但想写作的男孩"的故事。他最喜欢的格言是"未经检视的生活不值得过"。关于早期回忆，他说道：

我记得，在很小的时候，半夜我要上厕所。妈妈来到我的房间，把我带到卫生间。那里面很黑，她看不见，把我反放在马桶上了。我努力告诉她，但是她不听。

关于这个回忆，我们写出了三个标题："被逼上错误道路的男孩"，"妈妈不听男孩子讲话"和"方向反了的男孩"。

## 评　估

在这个例子中，我们获得了一个想要自己的声音被听到的孩子的自传。咨询师可以从检视早期回忆开始评估。雷蒙德不得不在半夜去上厕所。妈妈把他反着放在马桶上，并且不听他告诉她某些地方不对。他的标题浓缩了他反复出现的执念和当下的问题：妈妈强迫孩子走上错误的道路，并且不听他说话，而男孩回头看着妈妈。当然，在咨询中我们很快了解到，这位学生不想选择生物学作为自己的专业，但是他的母亲坚持让他读医学预科，然后进入医学院。他正处于"午夜般的黑暗当中"，沮丧地回头看着父母的指引而不是朝前看向角色榜样。他努力想让自己的声音被听到，包括他的母亲和他所处的专业环境。

将雷蒙德的早期回忆和角色榜样联系起来，显示出他如何建构了一个要被别人听到的自我。从他对三个角色榜样的描述中重复出现的词语来看，他设计的自我似乎是这样一个人——通过撰写富有想象力的政治演讲稿来让大家听到他的声音。此外，有人可能会好奇他不换专业的原因是否多少与不放弃有关系。看他对林肯的描述，首要的一点是林肯永不言弃。可以看出，他也将自己看作即使面对挫折也从不退缩的人，像他的英雄林肯一样化解沮丧。一会儿我们就会知道，他的脚本如何解决了这个问题。

雷蒙德喜欢政治的和有想象力的环境。他喜欢阅读与政治相关的东西和电影评论，喜欢看《星际迷航》。对他似乎没有必要去查询职业信息小册子。然而，从实用的角度出发，测得雷蒙德的六边形模型（Holland，1997）偏好的工作环境是企业型和艺术型。因此，咨询师可以从职业索引（Holland，1990）中选择几种结合了企业型和艺术型活动的工作，例如，新闻记者、专栏作家、评论员、作家、评论家、编辑、广告编写人、创意总监、社论作者、表演艺术经理、顾问和咨询人员。这样看来，雷蒙德的自我概念和他喜欢的工作环境之间有很好的匹配。但需要注意的是，我们没有在科学或研究型的环境中发现（他的）兴趣。所以，他的自我概念和环境偏好，与他作为一名生物学专业学生在理科大楼中的生活并不相符。

雷蒙德渴望的脚本（script）是为一家报纸、杂志或政治竞选活动写作。他想从生物学专业走出来，投身新闻学或政治科学。理解这个脚本如何让来访者的自我概念在合适的环境中实施，这并不困难。这是如此明显，以至于让人不禁怀疑雷蒙德自己为何没有看到这一点。也许是因为他回头看着他那作为指导者的母亲。

雷蒙德给自己的建议是检视自己的生活。咨询师现在明白了他为何没有准备好去承认自己是一个想为报纸或竞选活动写作的人。来访者通过朝后看来逃避思考这个问题。雷蒙德前来咨询的原因也很清楚——他确实想要认真检查自己的生活并找到下一步的方向。抑郁已经完全占据了他，以致他不需要去检视这个问题。咨询师最终要反复告诉雷蒙德，现在他必须去检视自己的生活，对他而言这是最好的建议。一旦检视事情就会明了，因为他的故事具有理解性、一致性、连续性，可信并且完整。

现在，咨询师已经准备好去回应雷蒙德的请求，帮助他理解为什么进入理科大楼时，他会变得抑郁。这位来访者在理科大楼中是一个不合群的家伙。他的母亲把他放在了那里，让他朝着错误的方向走。他想要改变方向，但直到现在他能做的就只是用抑郁来阻止前进。在创作下面的生命画像时，咨询师重新建构了上述的理解供雷蒙德参考：

你想要找到让自己的声音被人听到的方法。为了让别人听到你想往什么方向走，你想要培养你的写作和讲话技能。你走进理科大楼就会变得郁闷的原因是，对喜欢写作和讲话的年轻人来说，它是没有价值或不具备想象空间的。当你走在通向医学领域的错误道路上，你可能是在尊重你母亲的愿望。对你来说，让她倾听你的梦想非常困难，而这些梦想保留着事物的原貌。你可能喜欢新闻、英语、修辞学、法律预科或政治科学，而不是生物学和医学预科。你甚至可能梦想成为一名演讲稿撰写人或新闻报纸的专栏作家。你要知道，现在是时候检视你自己的生活了，但是需要艰难的行动才会有结果。这个"但是"感觉就像抑郁，就像"午夜般的黑暗时分"，就像你不得不做却无能为力。更换专业是很困难的，因为你可能觉得自己是一个放弃者并且会让你母亲失望。所以，难怪每次你进入理科大楼都会感到抑郁。你一直拖延时间不去检视你的生活和改变方向。

对上述生命画像进行反思之后，雷蒙德为自己写下了这样的同一性声明："当我通过演讲和文章说服他人的时候，我感到幸福和成功。"在咨询中检视自己的生活时，雷蒙德很快承认他想要写作，而不是研究科学。他能够成为一名科学作家，但他对写作政治或娱乐更感兴趣。所以，是什么阻碍了他更换专业呢？回忆一下凯利（1995）将感受（feelings）作为转变结构的观点。雷蒙德对母亲的失望和愤怒感到很害怕。雷蒙德接着解释说，他和父亲发现顺从母亲要比冒险对抗容易一些。让他成为一名医生正是他母亲的梦想，而且是她一直在承担着学费。

　　经过三次短程的自信训练和演练之后，雷蒙德终于鼓起勇气告诉他的母亲，他想改变自己的人生道路。出乎意料的是，母亲欣然接受了，只是希望他转向一个享有声望的领域。咨询师原以为咨询已经成功地结束了。然而，事实并非如此，情节变得扑朔迷离。即使有了母亲的支持，雷蒙德也没能够实施行动。他的困难停留在行动上，而不是在决定上。他仍然不能够更换专业，因为他认为这是一种放弃，会给他带来内疚感。凯利（1955）对内疚感受的解释对雷蒙德很适用，即他认为更换专业将会违背他核心的自我概念。雷蒙德迟迟不愿进入他人生脚本的方向，因为这会让他成为一个轻易放弃的人。

　　在咨询中，雷蒙德很快就认识到了他的个人逻辑，即把更换专业看作承认自己软弱。然而，这样的认知觉察还不足以推动他去行动。鼓励雷蒙德作出改变还需要几次咨询。这对他来说特别有用，尤其是当他转变了思想——从更换专业意味着自己是一名放弃者，转变为不更换专业意味着他丧失了自己的激情。简言之，如果他不更换专业，他放弃的是他自己。意识到这层意义使他得到释放，让他带着自信和热情向前行进。几年后，咨询师得知雷蒙德已经从新闻专业毕业，完成了法学院的课程，并且作为一名演讲写手为一位显赫的政客工作。他的母亲也为此感到骄傲。


## 结 论

生涯咨询的咨询师希望来访者离开生涯咨询时经历了一个革新的过程——将他们与自己最深层的活力感建立起连结。如果这样的话，来访者就能够叙述出一个更具理解性、一致性和连续感的同一性故事。有了自传的能动性和成熟的意向，他们就应该准备好在真实世界中投入行动，应对将要出现的新问题。被赋予力量之后，他们开始书写人生故事的新篇章，借助有意义的生涯主题来叙述拓展的职业情节。在咨询的最后时刻，咨询师通过鼓励来访者选择最能展现他们真实自我的故事向来访者道别。咨询师经常会重复来访者最喜欢的格言，相信来访者的话语中就孕育着自己的生活。

# 附录 1　生涯故事访谈格式

A. 在你建构生涯时，我能为你做点什么？

1. 在你的成长过程中，你最敬佩哪些人？跟我讲讲他或她。

2. 你经常看杂志或电视节目吗？它们是哪些？你喜欢这些杂志或电视节目的哪方面？

3. 你最喜爱的书或电影是什么？跟我讲讲里面的故事。

4. 跟我讲讲你最喜爱的格言或座右铭。

5. 你最早期的回忆是什么？我想听到 3 个故事，关于你在 3—6 岁时发生的事情，或者说说你现在能记起的最早的事情。

# 附录 2　关键术语表

**自传**（autobiography）　生活历史，对过去的经验赋予当前的意义（Weintraub, 1975）。与回忆录（memoir）相对应。

**传记**（biographicity）　自我参照的过程，借此个体可以把新的经验或困惑的经验组织和整合进他们的传记中。

**生涯咨询**（career counseling）　生涯干预，运用心理学的方法来促进个体的自我探索，使之成为选择和调整职业的前奏。因为它需要来访者和咨询师之间建立关系，所以通常是针对个体进行的。与生涯教育和职业指导相对应。

**生涯教育**（career education）　生涯干预，运用教育学的方法使个体或群体确定职业发展迫近的任务并找到应对的方法。这一服务也可以通过工作手册和计算机辅助程序来实施。与生涯咨询和职业指导相对应。

**人物弧线**（character arc）　主题（theme）的一个方面，描述一个人在某一重要的内部问题上从哪里开始、现在何处以及去向何方。它说明了个体去追逐生命中缺失东西的动力，这些缺失的正是个体所需要的。

**编年史**（chronicle）　按照时间顺序来记载一系列事件，没有叙事性结局。

**情节规划**（emplotment）　把不同的事件和情节组织安排成为一个整体，这个整体对部分赋予了意义（cf. Ricoeur, 1984）。

**认同**（identifications）　内化的一种形式，在这个过程中，个体所合并的角色榜样的特征会被接纳，并作为概念储存在脑海中。

**同一性叙事**（identity narrative）　参看叙事同一性（narrative indentity）。

**同一性工作**（identity work）　一种解释性活动，这个活动"形成、修复、保持、加强并修订能够产生一种一致感和差异感的结构"（Sveningsson & Alvesson, 2003，p. 1165）。

**影响**（influences）　　内化的一种形式，在这个过程中，个体所内射的父母辈被整体接受，并作为规则储存在脑海中。与认同（identifications）相对应。

**兴趣**（interest）　　个体需要和社会机遇之间的一种心理社会张力状态，促使个体去实现满足其需求的目标。

**生命画像**（life portrait）　　一种宏观叙事，把来访者的主要职业、自我构想、偏爱环境、重要脚本以及对自我的建议融入一幅含有职业情节、生涯主题和人物弧线的画面中。

**生命主题**（life theme）　　"个体最希望得到解决的某个问题或一系列问题，以及个体为之找到的解决方案"（Csikszentmihalyi & Beattie，1979，p. 48）。

**宏观叙事**（macronarrative）　　自传式的同一性叙事，把若干个短小的故事整合到一个恢宏的生命故事当中，这个故事"巩固了我们的自我理解，建立了包括情感和目标的性格，并指引我们在社会的舞台上表现自我"（Neimeyer，2004b，pp. 53-54）。

**回忆录**（memoir）　　或多或少地客观记录细节的小故事。与自传（autobiography）相对应。

**微观叙事**（micronarrtive）　　关于重要事件、重要人物、自我界定时刻或生命改变经验的小故事。

**叙事同一性**（narrative identity）　　"内化的和演进的生命故事，在一个人的青春后期开始形成，为其生活提供意义和目的"（McAdams & Olson，2010，p. 527）。

**情节规划**（plot）　　把一系列事件形成一个统一整体的解释和结局，有着开端、高潮和收尾。这个结束或结论带来在编年史或故事中所缺少的叙事性结局。

**故事**（story）　　将事件成一定顺序的组织。

**主题**（theme）　　由一个反复和中心的思想所编织的模式，为理解情节规划提供了主要的意义单元。

**职业指导**（vocational guidance）　　生涯干预，采用问卷和信息将个体和适宜的环境进行匹配。这一服务可以采用个体或团体的形式，甚至是以自我指导（如计算机辅助指导或工作手册）的形式来实现。与生涯咨询和生涯教育相对应。

# 附录3 本书部分词语英汉对照表

# 丛书主编简介

乔恩·卡尔森（Jon Carlson），心理学博士，教育学博士，美国专业心理学委员会成员，他是一位杰出的心理学教授，在位于伊利诺伊州大学城的州长州立大学（Governors State University）从事心理咨询工作，同时，他也是一位就职于威斯康星州日内瓦湖的健康诊所（Wellness Clinic）的心理学家。卡尔森博士担任好几家期刊的编辑，其中包括《个体心理学杂志》（*Journal of Individual Psychology*）和《家庭杂志》（*The Family Journal*）。他获得了家庭心理学和阿德勒心理学的学位证书。他发表的论文有 150 余篇，出版图书 40 余部，其中包括《幸福婚姻的 10 堂必修课》（*Time for a Better Marriage*）、《阿德勒的治疗》[1]（*Adlerian Therapy*）、《餐桌上的木乃伊》（*The Mummy at the Dining Room Tab*）、《失误的治疗》（*Bad Therapy*）、《改变我的来访者》（*The Client Who Changed Me*）、《圣灵让我们感动》（*Moved by the Spirit*）。他与一些重要的专业治疗师和教育者一起，创作了 200 多部专业录像和 DVD。2004 年，美国心理咨询学会称他是一个"活着的传说"。最近，他还与漫画家乔·马丁（Joe Martin）一起在多家报纸上同时

---

[1]《阿德勒的治疗》，2012 年 1 月，重庆大学出版社。

刊登了忠告漫画（advice cartoon）《生命边缘》（*On The Edge*）。

马特·恩格拉-卡尔森（Matt Englar-Carlson），哲学博士，他是富乐顿市加利福尼亚州立大学（California State University）的心理咨询学副教授，同时也是位于澳大利亚阿米德尔市的新英格兰大学（University of New England）保健学院的兼职高级讲师。他是美国心理学会第51分会的会员。作为一名学者、教师和临床医生，恩格拉-卡尔森博士一直都是一位勇于创新的人，他在职业上一直充满激情地训练、教授临床医生更为有效地治疗其男性来访者。他的出版物达30余部，在国内和国际上发表了50余篇演讲，其中大多数的关注焦点都集中于男性和男性气质。恩格拉-卡尔森博士与人合著了《与男性共处一室：治疗改变案例集》（*In the Room With Men: A Casebook of Therapeutic Change*）和《问题男孩的心理咨询：专业指导手册》（*Counseling Troubled Boys: A Guidebook for Professionals*）。2007年，男性心理研究学会（Society for the Psychological Study of Men and Masculinity）提名他为年度最佳研究者。同时，他也是美国心理学会致力发展男性心理学实践指导方针工作小组的成员。作为一位临床医生，他在学校、社区、大学心理健康机构对儿童、成人以及家庭进行了广泛的治疗。

# 译 后 记

庄子曰："吾生也有涯，而知也无涯。以有涯随无涯，殆已。已而为知者，殆而已矣。"正如庄子所说，人类就是一群"以有涯随无涯"的"已而为知者"。人们为了寻找或创造自身存在的意义，不得不进行一项又一项的工作，甚至几代人来完成某一项工作，不能让自己停下来、闲下来。

恐怕我们已经无法保证人类不将自己"燃烧殆尽"；又或者，使其为了自身明确的目标而努力，甘愿承受其中的艰辛，这才是我们生涯咨询工作者要做的工作。现代社会，瞬息万变，不变的主题是人类需要存在的意义。如今，一位工作者可能要经历数个甚至数十个职业或岗位。这不停变更的一生，如何用一根主线将其串连起来，使它们共享一个主题，展现出一种意义，这是 21 世纪的人们在工作世界中遇到的"人生难题"。

人生如故事。越坎坷的人生越需要故事，一帆风顺似乎就没什么要说明的。当我们回首一生时，需要的话，人人都可写出一本自我的传记。这本传记总结了"我"是一个什么样的人，"我"如何度过了这一生，而这一生又有何意义。如果没有这一本"传记"，我们便感到这一生是混乱的，犹如"身世浮沉雨打萍"。因此，一个人必须对自己的生涯进行建构，无论是公开出版一本自传，还是只在头脑中默默运算。

在这本《生涯咨询》中，萨维科斯以阿德勒治疗的理论为基础，借用建构主义取向的叙事疗法，创造了一种实用的生涯咨询方法，其核心是"生涯风格访谈"。"你的榜样是谁？""你喜欢看什么杂志？""你喜欢什么样的故事？""你的座右铭是什么？""你的早期回忆是什么样的？"萨维科斯在书中将其精炼为5个刺激问题。虽然令人难以置信，但咨询师若熟练运用，这5个问题确能探明一个人的生涯之路！

生涯之路没有固定的路线，却有一个大致的主题。我们生来都没有手持一本《人生指南》或《人生使用说明书》。但人生又好像有一个任务要去完成，这是每一个人肩负的使命。这个使命又是那么随意的，出生时，我们并不知道，过完童年，上帝便给每个人扔了一个使命，好像生怕人类一生太过闲适了。这个来自童年的使命被萨维科斯称为早期回忆中的"执念"（preoccupation），它是反复在人们心头萦绕的主题，是人们要花费毕生精力去修补的缺口。

我原本怀疑是否每个人都有这样一个执念，即是否无论其父母做得怎样好，都会给孩子留下一个缺口以及完成缺口的终生使命。然而，每个人的生命终究是一个个人的旅程，用儿童心理学家温尼科特的话来说，母亲最多只能做到足够好（good-enough），恰到好处的挫折似乎是不可避免的。那么，一个人基于挫折的成长亦是不可避免的。这个成长的使命，似乎就可以叫安身立命。

　　本书的翻译是一种辛劳，也是一种收获，它让译者获得知识的同时，对自己的生涯之路也更为明晰。在此十分感谢重庆大学出版社引进美国心理学会这套丛书，感谢郭本禹教授主持丛书翻译工作，使我与马明伟有幸结识了《生涯咨询》这本书。感谢郭本禹教授对本书翻译工作的悉心指导，并化解了许多理论翻译上的难题；也感谢华东师范大学胡淑珍博士对译稿的校对工作以及澳门大学生涯谘商方向胡娟博士对翻译的建议。本书的翻译是大家共同努力的成果，鉴于水平有限，若有不足之处，希望读者能够予以指正。

　　衷心期望每个人能把自己的故事写下去。

郑世彦

2013 年夏

# 鹿鸣心理（心理治疗丛书）书单

| 书　名 | 书　号 | 出版日期 | 定　价 |
|---|---|---|---|
| 《生涯咨询》 | ISBN:9787562483014 | 2015年1月 | 36元 |
| 《人际关系疗法》 | ISBN:9787562482291 | 2015年1月 | 29元 |
| 《情绪聚焦疗法》 | ISBN:9787562482369 | 2015年1月 | 29元 |
| 《理性情绪行为疗法》 | ISBN:9787562483021 | 2015年1月 | 29元 |
| 《精神分析与精神分析疗法》 | ISBN:9787562486862 | 2015年1月 | 38元 |
| 《认知疗法》 | ISBN:待定 | 待定 | 待定 |
| 《现实疗法》 | ISBN:待定 | 待定 | 待定 |
| 《行为疗法》 | ISBN:待定 | 待定 | 待定 |
| 《叙事疗法》 | ISBN:待定 | 待定 | 待定 |
| 《接受与实现疗法》 | ISBN:待定 | 待定 | 待定 |

请关注鹿鸣心理新浪微博：http://weibo.com/555wang，及时了解我们的出版动态，@鹿鸣心理。

# 鹿鸣心理（心理咨询师系列）书单

| 书　名 | 书　号 | 出版日期 | 定　价 |
|---|---|---|---|
| 《焦虑症和恐惧症———一种认知的观点》 | ISBN:9787562453499 | 2010年5月 | 45.00元 |
| 《超越奇迹：焦点解决短期治疗》 | ISBN:9787562457510 | 2010年12月 | 29.00元 |
| 《接受与实现疗法：理论与实务》 | ISBN:9787562460138 | 2011年6月 | 48.00元 |
| 《精神分析治愈之道》 | ISBN:9787562462316 | 2011年8月 | 35.00元 |
| 《中小学短期心理咨询》 | ISBN:9787562462965 | 2011年9月 | 37.00元 |
| 《叙事治疗实践地图》 | ISBN:9787562462187 | 2011年9月 | 32.00元 |
| 《阿德勒的治疗：理论与实践》 | ISBN:9787562463955 | 2012年1月 | 45.00元 |
| 《艺术治疗——绘画诠释：从美术进入孩子的心灵世界》 | ISBN:9787562476122 | 2013年8月 | 46.00元 |
| 《游戏治疗》 | ISBN:9787562476436 | 2013年8月 | 58.00元 |
| 《辩证行为疗法》 | ISBN:9787562476429 | 2013年12月 | 38.00元 |
| 《躁郁症治疗手册》 | ISBN:9787562478041 | 2013年12月 | 46.00元 |
| 《以人为中心心理咨询实践》 | ISBN:9787562453512 | 2014年12月 | 待定 |

图书在版编目（CIP）数据

生涯咨询 /（美）萨维科斯（Savickas，M.L.）著；
郑世彦，马明伟，郭本禹译. —重庆：重庆大学出版社，
2015.1（2023.1重印）
　（心理咨询师系列. 西方主流心理治疗理论）
　书名原文：Career counseling
　ISBN 978-7-5624-8301-4

　Ⅰ.①生… Ⅱ.①萨…②郑…③马…④郭… Ⅲ.
①职业选择—咨询心理学 Ⅳ.①C913.2

　中国版本图书馆CIP数据核字（2014）第210661号


**生涯咨询**

[美]马可·L.萨维科斯（Savickas，M.L.） 著
郑世彦 马明伟 郭本禹 译

策划编辑：王 斌 敬 京
责任编辑：蒋昌奉 许红梅
责任校对：刘雯娜

重庆大学出版社出版发行
出版人：饶帮华
社址：（401331）重庆市沙坪坝区大学城西路21号
网址：http://www.cqup.com.cn
重庆市联谊印务有限公司印刷

开本：890mm×1240mm 1/32 印张：8.125 字数：166千
2015年1月第1版 2023年1月第5次印刷
ISBN 978-7-5624-8301-4 定价：36.00 元

版贸核渝字（2013）第41号